Inhalt

Vorwort 2

1. Der Kalte Krieg und die deutsche Teilung 3
2. Die Konsolidierung der DDR in der Zeit des Kalten Krieges 17
   - 2.1. Die SED eignet sich den Staat an 24
   - 2.2. Die Aneignung der Wirtschaft 31
   - 2.3. SED-Bildungspolitik: der Griff nach den kommenden Generationen 39
   - 2.4. Der Unterdrückungsapparat 55
3. Die deutsche Teilung wird zum Normalfall 60
4. Die DDR und das deutsch-deutsche Verhältnis seit den 70er Jahren bis 1989 69
   - 4.1. Das verborgene Scheitern der Planwirtschaft 72
   - 4.2. Der heimliche Abschied von der SED 82
   - 4.3. DDR-Friedensbewegung: Die Opposition sammelt sich 87
   - 4.4. Bonn setzt in den 80er Jahren auf Normalisierung und Stabilität 96
   - 4.5. Die SED in der Defensive – die Opposition wird stärker .. 100

Personenverzeichnis 113
Abkürzungsverzeichnis 115
Weiterführende Literatur und Lesehinweise 117

Vorwort

Im Herbst 1989 hatte es nur wenige Wochen gedauert, bis die Parole „Wir sind das Volk!" abgelöst wurde von „Wir sind ein Volk!" Doch in fünf Jahren ist noch längst nicht „zusammengewachsen", „was zusammengehört". Schon nach kurzem sollte sich zeigen, daß die Auswirkungen der 40jährigen Halbierung Deutschlands in West und Ost unterschätzt wurden. Viel teurer als gedacht kommt die Sanierung der Betriebe, Städte und Landschaften das vereinte Deutschland zu stehen, viel tiefgreifender als gedacht ist der Strukturwandel, der die ostdeutsche Wirtschaft nach der Wende erfaßt hat, und viel schwerer als gedacht fällt es vielen in Ost und West, mit den Erschütterungen aus der „Wende" umgehen zu lernen und ein neues, tragfähiges Selbstverständnis zu entwickeln. 40 Jahre lang getrennte Entwicklungen trafen 1989 aufeinander, zahlreiche Ungleichzeitigkeiten machten Reibungen, Reibungsverluste unvermeidlich. Verbindendes geriet rasch ins Hintertreffen gegenüber Trennendem. Wie ein Wiedergänger tauchte die eben erst gefallene Mauer wieder auf, in den Sätzen, den Köpfen, den Herzen vieler Menschen.
Ist die Behauptung der Objektivität einer zeitgeschichtlichen Darstellung an sich schon fragwürdig genug, würde sie in einem solchen Fall schlicht unhaltbar. Angesichts der noch längst nicht ansatzweise abgeschlossenen Aufarbeitung deutsch-deutscher Geschichte und der jüngsten Zeitgeschichte kann dieses Quellenheft nur einen Versuch darstellen, einige Schlaglichter auf die Entwicklung der DDR und des deutsch-deutschen Verhältnisses bis 1989 zu werfen mit dem Ziel, Rahmenbedingungen, Entwicklungen und gegenläufige Entwicklungen, Brüche und systembedingte Schwachpunkte und Krisenherde herauszuarbeiten – ohne Anspruch auf Vollständigkeit, im Wissen, daß manches Detail sich dem Zufall, dem persönlichen Blickwinkel des Autors verdankt, aber im Bemühen, Wesentliches von Unwesentlichem zu trennen, grundlegende Ursachen und Entwicklungslinien herauszuarbeiten.
Lange Zeit war die DDR für die meisten Bundesbürger uninteressant, ein Land mit sieben Siegeln, viel fremder als Frankreich, Spanien, Italien oder die USA. Kaum ist die Mauer gefallen, scheint das Interesse an einer Auseinandersetzung mit dem Thema „DDR" wieder zu schwinden. Im Westen droht Übersättigung durch immer neue Meldungen aus dem langwierigen Prozeß der Aufarbeitung deutsch-deutscher Vergangenheit, im Osten Abschottung gegenüber den „Besser-Wessis", gegenüber einer Behandlung als „Bürger 2. Klasse", gegenüber einer Pauschalverurteilung der DDR durch den Westen, wohingegen viele ehemalige DDR-Bürger sich eine differenzierende Betrachtungsweise wünschen („Es war nicht alles schlecht in der DDR."). Der Autor ist allerdings der Meinung, das ein „Zusammenwachsen" nur gelingen kann, wenn ob solcher Schwierigkeiten die Auseinandersetzung mit dem Gesamt-Phänomen „DDR" nicht eingestellt, sondern im Gegenteil intensiviert wird – gerade unter Jugendlichen, für die dieses Heft gedacht ist. Der Autor dankt allen, die ihm geholfen haben.

1. Der Kalte Krieg und die deutsche Teilung

Chronik: Deutschland und die Internationalen Beziehungen 1945 bis 1950

1945 4.–11. 2.: **Konferenz von Jalta:** Roosevelt, Churchill und Stalin bekräftigen schon 1943 formulierte Grundzüge ihrer Deutschlandpolitik: Aufteilung von Deutschland (in den Grenzen von 1937) in vier Besatzungszonen (UdSSR, USA, GB, F); vollständige Entwaffnung und Entmilitarisierung; Reparationsverpflichtungen in Höhe von 20 Mrd. US-Dollar (davon 50% an die UdSSR); Selbstbestimmungsrecht der befreiten Völker
7./8. 5.: **Bedingungslose Kapitulation** der deutschen Wehrmacht
5. 6.: **„Berliner Erklärung":** 1. Die Vier Mächte übernehmen oberste Regierungsgewalt in Deutschland. 2. Kontrollrat aus den vier Oberbefehlshabern ist als Träger der obersten Gewalt zuständig für alle Fragen, die Deutschland als Ganzes betreffen. 3. Errichtung von vier Besatzungszonen in Deutschland. 4. Aufteilung Berlins in vier Sektoren, verwaltet von der Alliierten Kommandantur.
10. 6.: Zulassung von Parteien in Sowjetischer Besatzungszone (SBZ) durch Sowjetische Militäradministration für Deutschland (SMAD); Gründung von KPD, SPD, CDU und LDPD
17. 7.–2. 8.: **Potsdamer Konferenz** – Truman, Churchill und Stalin vereinbaren: 1) Friedensverträge werden von Außenminister-Rat vorbereitet. 2) Politische und wirtschaftliche Grundsätze alliierter Politik in Deutschland: Entnazifizierung, Entmilitarisierung, Demokratisierung, Dezentralisierung; Zentralverwaltung der vier Zonen Deutschlands soll sie als „wirtschaftliche Einheit" behandeln. Entnahme von Reparationen aus Besatzungszonen. 3) Königsberg und Nordhälfte Ostpreußens fallen bis zum Friedensvertrag an die UdSSR, das übrige Ostdeutschland bis Oder-Neiße-Linie an Polen.
7. 8.: Frankreich tritt Außenministerrat bei und wird Mitglied des alliierten Kontrollrats in Berlin.
3. 9.: Länderverwaltungen der SBZ beginnen mit der Bodenreform
10. 9.–2. 10.: **1. Vier-Mächte-Außenministerkonferenz** (London). UdSSR für deutsche Zentralregierung und Vier-Mächte-Kontrolle des Rhein-Ruhr-Gebietes, Frankreich verlangt dessen Abtretung
5.–7. 10.: SPD (West) wird wiedergegründet und lehnt jede Zusammenarbeit mit der KPD ab.
20. 11.: Nürnberg – Anklageerhebung vor Internationalem Gerichtshof gegen Hauptkriegsverbrecher
1946 5. 3.: Churchill spricht erstmals öffentlich vom **„Eisernen Vorhang"** (Blockgrenze), der Europa teilt.
22. 4.: Zwangsvereinigung von SPD und KPD in der SBZ zur Sozialistischen Einheitspartei Deutschlands (SED); in Berlin besteht SPD weiter
25. 4.–12. 7.: **2. Außenministerkonferenz** (Paris). USA für Zusammenschluß der vier Zonen, um wirtschaftliche Einheit Deutschlands zu erhalten. UdSSR und Frankreich für Beibehalten der Zonen.

30.6.: Enteignung der Großbetriebe von „Kriegsverbrechern und Naziaktivisten" in der ganzen SBZ beginnt. Kontrollrat sperrt auf Ersuchen der SMAD die Demarkationslinie zu den Westzonen.
6.9.: Wachsende Spannungen zwischen UdSSR und USA. Kurswechsel der US-Außenpolitik: Abkehr der USA von einer harten Haltung gegenüber Deutschland.
16./17.11.: Verfassungsentwurf der SED für eine künftige Demokratische Republik Deutschland

1947 1.1.: Das Bizonen-Abkommen zwischen USA und GB tritt in Kraft. Britische und US-Zone bilden seither eine wirtschaftliche Einheit. Es folgen Landtagswahlen in den Ländern der Bizone.
Februar: Die US-Außenpolitik schwenkt um auf einen Kurs der **Eindämmung** weiterer sowjetischer Expansion (**„Containment"**). US-Präsident **Truman** kündigt wirtschaftliche und finanzielle Unterstützung für all die Länder an, „die sich der Unterwerfung durch bewaffnete Minderheiten oder durch Druck von außen widersetzen" (**Truman-Doktrin**).
10.3.–24.4.: **Vierte Außenministerkonferenz** scheitert an Uneinigkeit über Deutschlandfrage.
5.6.: US-Außenminister Marshall kündigt Wiederaufbau- und Hilfsprogramm der USA für Europa einschließlich Deutschland an: **„European Recovery Program",** (Marshall-Plan). Marshall-Plan-Gelder sollen in 16 europäischen Staaten unter Einbeziehung der deutschen Westzonen verteilt werden. UdSSR/Ostblock und SBZ lehnen Einbeziehung ab.
5.–7.6.: Konferenz aller deutschen Ministerpräsidenten in München scheitert an politischen Gegensätzen.
14.6.: Bildung der Deutschen Wirtschaftskommission für die SBZ: Aufbau der Planwirtschaft
25.11.–15.12.: **5. Außenministerkonferenz** (London): **Zerfall der Anti-Hitler-Koalition** wegen unüberbrückbarer Gegensätze zwischen den Alliierten, vor allem den USA und den UdSSR

1948 12.2.: Neuorganisation und Übertragung von regierungsähnlichen Funktionen auf die Deutsche Wirtschaftskommission in der SBZ (Weisungsrecht gegenüber allen deutschen Organen)
17.3.: **Brüsseler-Pakt:** Verteidigungsallianz zwischen GB, F und den Benelux-Staaten; Sicherheitsgarantie für F, das auf amerik.-brit. Linie einer Kooperation mit (West-)Deutschland einschwenkt
17.–18.3.: 2. Deutscher Volkskongreß in Ost-Berlin wählt Deutschen Volksbeirat als „Vorparlament" eines einheitlichen Deutschland. Kurz darauf erste Behinderungen des Landweges nach Berlin durch die UdSSR, die am 20.3.48 den Alliierten Kontrollrat verläßt. Damit endet der Versuch einer Vier-Mächte-Verwaltung Gesamtdeutschlands.
16.4.: **Gründung der Marshall-Plan-Organisation OEEC** (Organisation für europäische wirtschaftliche Zusammenarbeit. Die drei „Westzonen" werden von Militärgouverneuren vertreten.
23.4.: SMAD-Befehl zum Aufbau von Vereinigungen Volkseigener Betriebe (VVB) in der SBZ
20.6.: **Währungsreform in den Westzonen** (aus „Reichsmark" wird „Deutsche Mark")

23.6.: **Währungsreform in der SBZ** (aus „Reichsmark" wird „Mark");
24.6.: 1. **Berlinkrise: Berlinblockade** – Die UdSSR blockiert alle Land- und Wasserwege nach sowie die Stromzufuhr für Berlin (West) bis Mai 1949. Alliierte Luftbrücke zur Stadtversorgung, Spaltung der Berliner Stadtverwaltung.
1.7.: Alliierte übergeben den West-Ministerpräsidenten **„Frankfurter Dokumente"** (Vorschläge zur Bildung einer verfassunggebenden Versammlung und zu Grundsätzen der Beziehungen zwischen einer zukünftigen deutschen Regierung und den Westmächten)
8.–10.7.: Ministerpräsidenten der Westzonen beraten die **Frankfurter Dokumente.** Sie entscheiden sich für die Erarbeitung eines „vorläufigen" Grundgesetzes durch eine parlamentarische Vertretung der Länder. Die West-Militärgouverneure stimmen kurz darauf zu.
26.8.: Sprengung der Berliner Stadtverordnetenversammlung durch kommunistische Störtrupps. Schöneberger Rathaus ist von nun an Sitz von Stadtverordneten und Magistrat der West-Sektoren.
14.11.: „Deutscher Volksrat" verabschiedet DDR-Verfassungsentwurf
30.11.: Unter SED-Regie Bildung eines provisorischen demokratischen Magistrats in Ostberlin
5.12.: **Ernst Reuter** wird – wie schon 1947 – erneut zum Bürgermeister der Westsektoren Berlins gewählt.

1949 25.–28.1.: I. **Parteikonferenz der SED:** Selbstbestimmung als Partei neuen Typs mit Marxismus-Leninismus als Ideologie; Absage an deutschen Sonderweg zum Sozialismus. Dem Politbüro müssen sich alle Parteiglieder unterordnen (Demokratischer Zentralismus, Fraktionsverbot)
25.1.: Die Ostblockstaaten gründen den **Rat für gegenseitige Wirtschaftshilfe (RGW).**
4.4.: Gründung der **North Atlantic Treaty Organization (NATO)**
6.–8.4.: Westmächte beschließen **Besatzungsstatut** (Erweiterung der Bizur Trizone durch Beitritt der frz. Zone, Reduzierung der Demontagen. Alliierte Hohe Kommission ersetzt Militärregierungen).
8.5.: **Annahme des Grundgesetzes (GG) für die Bundesrepublik Deutschland** durch Parlamentarischen Rat, von Alliierten genehmigt am 12.5.49. **Bonn** wird **provisorische Hauptstadt.** Eine weitere Vier-Mächte-Außenministerkonferenz scheitert an Interessengegensätzen: Die UdSSR protestiert förmlich gegen die Errichtung eines westdeutschen Staates, die Westmächte bieten der SBZ den Anschluß an die Trizone an. Nach Gründung der BRD erweitern die Westmächte den außenpolitischen Spielraum Bonns (u. a. um das Recht, Konsulate einzurichten).

BRD	DDR
Begründung der BRD (23.5.49): Verkündung des GG; Berlin-Vorbehalt der Alliierten: Berlin ist im Bundestag/Bundesrat nicht stimmberechtigt und darf nicht von Bonn aus regiert werden; Wahlen zum 1. Bundestag (4.8.);	3. Deutscher Volkskongreß nimmt in Ostberlin am 29./30.5.49 die Verfassung der Deutschen Demokratischen Republik an, gefolgt am 7.10. von der **Gründung der DDR.** Drei Tage später übergibt die UdSSR die Verwaltung an die

Ergebnis: CDU 31%, SPD 29,2%, FDP 11,9%, KPD 5,7%, Bayernpartei 4,2%, Deutsche Partei 4%). Es konstituieren sich Bundestag und Bundesrat. Konrad **Adenauer** (CDU) wird 1. Bundeskanzler und bildet Koalitionsregierung (CDU/CSU, FDP, DP).

DDR-Regierung. Aus SMAD wird SSK (Sowjetkontrollkommission) **Berlin (Ost) wird DDR-Hauptstadt.** Die Volkskammer wählt Otto **Grotewohl** (SED) zum ersten Ministerpräsidenten einer DDR-Regierung.

1950 Englands Premier Churchill tritt **für Wiederbewaffnung Deutschlands** ein – Folge der zunehmenden **Ost-West-Spannungen.** Am 25.6.50 löst der Einmarsch kommunistischer Truppen in Südkorea, die ab September mit US-Hilfe zurückgedrängt werden, den **Korea-Krieg** aus. Die drei Westmächte garantieren die Sicherheit Berlins, woraufhin die Außenminister der Ostblockstaaten diese Garantie für rechtswidrig erklären. Europäische Konvention zum Schutze der Menschenrechte und Grundfreiheiten unterzeichnet.

Berlin (West) erhält Verfassung als Land der BRD; Viermächtestatus Berlins gilt unverändert.

DDR akzeptiert gegenüber Polen die Oder-Neiße-Grenze. Walter **Ulbricht** *wird Erster Sekretär des Zentralkomitees der SED (ZK); Parteisäuberungen und Verhaftungen. Die DDR wird Mitglied im RGW.*

Das Spannungsverhältnis zwischen den Vereinigten Staaten (USA) und der Sowjetunion (UdSSR) war nach dem verlorenen Krieg die entscheidende Rahmenbedingung für Entstehung, Entwicklung und Aufhebung der deutschen Teilung, da die Grenze zwischen beiden Machtblöcken und Gesellschaftssystemen – nach Lage der Besatzungszonen – mitten durch Deutschland verlief. Im Krieg noch Seite an Seite, sollte sich das Verhältnis zwischen den neuen Supermächten USA und UdSSR schon bald aufgrund der ideologischen und machtpolitischen Gegensätze bis zu einem „Kalten Krieg" abkühlen. Mit dem britischen, in den USA lebenden Historiker Paul Kennedy[1] läßt sich sagen, daß die Weltpolitik seit dem Zweiten Weltkrieg eindeutig von den USA und der UdSSR als den beiden einzigen Weltmächten dominiert wurde – sie war **bipolar** bis zur Beendigung des Kalten Krieges durch Gorbatschow, dessen Reformen den Niedergang des Sozialismus nicht mehr stoppen konnten.

In der Politik der UdSSR und der Westmächte nach 1945 mischten sich zunächst Bestrebungen, die auf eine Teilung Deutschlands hinausliefen, mit anderen, Deutschland weiterhin als Einheit zu betrachten. Die Alliierten, die seit der „Juni-Deklaration" vom 5. Juni 1945 oberste Regierungsgewalt für **ganz** Deutschland beanspruchten und mit dem **Alliierten Kontrollrat** (Sitz: Berlin) ein oberstes Machtorgan geschaffen hatten, teilten Deutschland in *Besatzungszonen* auf. In ihren Zonen behielten die Besatzungsmächte die Entscheidungshoheit. Sie erließen Befehle und Gesetze und förderten somit eine *getrennte Entwicklung* der Zonen, auch wenn die Alliierten auf der Potsdamer Konferenz (7.7.45–

2.8.45) noch davon gesprochen hatten, Deutschland solle wirtschaftlich **als Einheit** betrachtet werden. Auch die Haltung der UdSSR war ambivalent. Stalin erklärte zunächst, die Einheit Deutschlands erhalten zu wollen. Parallel zu seinen politischen Versuchen, Einfluß auf ganz Deutschland zu bekommen, begann die UdSSR aber in ihrer Zone mit einer „antifaschistisch-demokratischen Umwälzung". Die „Gruppe Ulbricht", von der Roten Armee z.T. noch vor der Kapitulation nach Berlin, Sachsen und Mecklenburg-Vorpommern eingeflogen, begannen zielstrebig, die Voraussetzungen für eine Volksdemokratie nach sowjetischem Muster zu schaffen. Seit dem 9. Juni 1945 wurde sie von der Sowjetischen Militäradministration für Deutschland (SMAD) darin unterstützt. Damit wurden schon sehr früh die Weichen gestellt zur Bildung eines sozialistischen deutschen Teilstaates und für die spätere Eingliederung dieses Teilstaates in den Ostblock[2].

Auch nach der Gründung zweier deutscher Staaten 1949 war die Entwicklung der Beziehungen zwischen der Deutschen Demokratischen Republik und der Bundesrepublik Deutschland unmittelbar abhängig von dem Verhältnis der beiden Supermächte. Aufgrund einer Politik der Stärke auf beiden Seiten schien in den fünfziger Jahren eine weitere Eskalation der Ost-West-Spannung fast unvermeidlich. Die UdSSR reagierte auf die Westintegration der BRD mit dem Chruschtschow-Ultimatum (1958), dem Bau der Berliner Mauer als Schlußpunkt der territorialen Abgrenzung ihres Herrschaftsbereiches und Sicherung des Status quo (1961), gefolgt von politisch-militärischem Muskelspiel beider Seiten. Auf die Stationierung amerikanischer Mittelstreckenraketen in der Türkei reagierte die UdSSR mit dem – gescheiterten – Versuch, Kuba zur vorgeschobenen Raketenabschußbasis auszubauen (Kuba-Krise 1962). Das nukleare Patt zwang schließlich beide Mächte dazu, Instrumente des Krisenmanagements aufzubauen und – bei Wahrung des Besitzstandes – zu einer vorsichtigen Politik der Entspannung überzugehen.

Dieser Kurswechsel, den die beiden Supermächte zögernd vollzogen, wirkte sich – mit einiger Zeitverzögerung – auch auf das innerdeutsche Verhältnis aus und bildete die machtpolitische Voraussetzung dafür, daß ab 1969 die sozialliberale Koalition ihrerseits mit ihrer Ostpolitik - „Wandel durch Annäherung" – einen erfolgreichen Kurswechsel durchführen konnte. 1963 wurde eine direkte Nachrichtenverbindung („Heißer Draht") zwischen Washington und Moskau eingerichtet, Schritt für Schritt gefolgt von verschiedenen Abkommen der Rüstungskontrolle wie dem Atomwaffensperrvertrag (1968), dem Viermächteabkommen über Berlin (1971), den SALT-I-Verträgen (1972), der Unterzeichnung der KSZE-Schlußakte in Helsinki (1975) und der Unterzeichnung des SALT-II-Abkommens über die Begrenzung strategischer Nuklearwaffen von USA und UdSSR (1979). 1987 folgt der Vertrag über Abrüstung der Mittelstreckenraketen zwischen Warschauer Pakt und Nato. Seitdem die Supermächte aus der Einsicht in das Gefahren- und Vernichtungspotential begonnen hatten, Instrumente für Krisenmanagement und Konfrontationsabbau zu entwickeln, gab es im Gefolge dieser vorsichtigen Entspannungspolitik plötzlich auch im Verhältnis beider deutscher Staaten Bewegung. Auch Rückschläge im Verhältnis der Supermächte wie der Einmarsch des Warschauer Paktes in die CSSR 1968 oder die sowjetische Invasion in Afghanistan 1979 wirkten sich direkt oder indirekt auf das deutsch-deutsche Verhältnis aus. Dies gilt auch für den Amtsantritt von US-Präsident Ronald

Reagan 1981, der zunächst eine erhebliche Verschlechterung der amerikanisch-sowjetischen Beziehungen brachte. Nach Jahren massiver Rüstung signalisierte Reagan 1984 allerdings aus der Position der Stärke heraus Verhandlungsbereitschaft. Den eigentlichen Wendepunkt im neuen Ost-West-Konflikt der achtziger Jahre brachte jedoch erst der Amtsantritt von Michail **Gorbatschow** als Partei- und Regierungschef in Moskau 1985, der sogleich mit der Verwirklichung seiner Politik der ›Offenheit‹ (**glasnost**) und ›Umgestaltung‹ (**perestroika**) die aufgelaufenen Probleme in Angriff nahm – allerdings nicht aus freien Stücken. Denn der von den Amerikanern gewaltig forcierte Rüstungswettlauf hatte die sowjetische Planwirtschaft an die Grenzen ihrer Leistungsfähigkeit gebracht. Gorbatschow **mußte** den Rüstungswettlauf bremsen, besser noch beenden, er **mußte** politische und wirtschaftliche Reformen im Inneren rasch durchsetzen, sollte die UdSSR und die Herrschaft der KPdSU überleben. Das bedeutete: Beendigung des Rüstungswettlaufes, aber auch Abkehr von der seit 1968 gültigen Breschnew-Doktrin (Interventionsrecht der UdSSR gegenüber solchen sozialistischen Staaten, deren Entwicklung „den Sozialismus gefährdet"). 1988 bekundete Gorbatschow bei einem Besuch in Jugoslawien „Respekt für verschiedene Wege zum Sozialismus"[3]. In einer Rede vor dem Europarat in Straßburg am 7.7.1989 erklärte er in direkter Bezugnahme auf die Breschnew-Doktrin (ohne sie allerdings beim Namen zu nennen), „jede Einmischung in innere Angelegenheiten, alle Versuche, die Souveränität von Staaten – sowohl von Freunden und Verbündeten als auch von jedem sonst – zu beeinträchtigen", seien „unzulässig". Der ausdrückliche Widerruf der Doktrin folgte im Oktober 1989, als der Sprecher des sowjetischen Außenministeriums, Gennadi Gerassimow, am Rande eines Gorbatschow-Besuchs in Finnland gutgelaunt verkündete, die Beschnew-Doktrin sei „tot", an ihre Stelle trete die Sinatra-Doktrin – eine Anspielung auf den amerikanischen Sänger Frank Sinatra und dessen Lied „My Way", der sich darin zu seinem eigenen Weg bekannte, und zugleich eine Aufforderung an die Länder im bisherigen sowjetischen Machtbereich, nunmehr ohne Furcht vor sowjetischen Interventionen einen eigenen Weg zu gehen und politische, wirtschaftliche und soziale Reformen zu wagen.

[1] Paul Kennedy, Der Aufstieg und Fall der großen Mächte, Frankfurt/Main: Fischer 1989, in New York erschienen 1987, also **vor** dem Zusammenbruch der DDR und des Sozialismus im Ostblock

[2] M. Richter, 1945–1949: Sowjetische Besatzungszone Deutschlands (SBZ), in: Informationen zur polit. Bildung 231, 2. Quartal 1991, S. 2

[3] Diese und die folgenden Zitate aus: M. Görtemaker/M.R. Hridlicka: Das Ende des Ost-West-Konflikts? Die amerikanisch-sowjetischen Beziehungen von den Anfängen bis zur Gegenwart, Berlin: Landeszentrale für politische Bildungsarbeit 1990, S. 122

Der Kalte Krieg und die deutsche Teilung

Deutschland und Berlin am Ende des Zweiten Weltkrieges   **1**

Zahlenbild Erich Schmidt Verlag, Berlin

2 Außen- und sicherheitspolitische Konstellationen nach 1945

seit Anfang der 50er Jahre

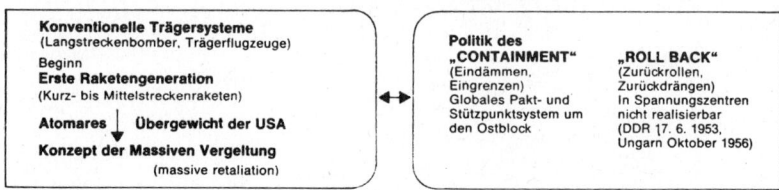

seit Anfang der 60er Jahre

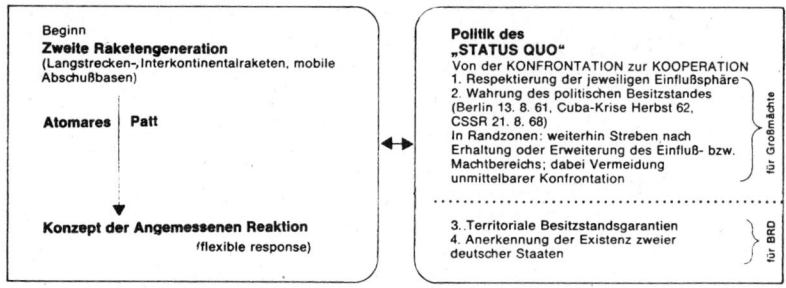

seit Anfang der 70er Jahre

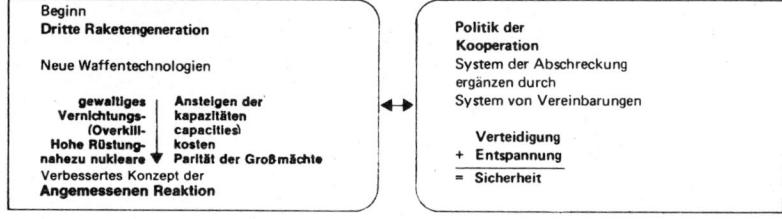

G. Walpuski: Verteidigung + Entspannung = Sicherheit, Bonn: Verl. Neue Gesellschaft 1980, S. 35

3 Das Viermächte-Abkommen vom 3.9.1971 –
Die wichtigsten Vereinbarungen:
1. Die Rechte der Vier Mächte in Deutschland werden bestätigt.
2. Die Sowjetunion garantiert, den zivilen Verkehr auf den Land- und Wasserwegen nach Berlin-West zu ermöglichen, von Behinderungen freizuhalten und zu erleichtern.
3. Die Bindungen zwischen Berlin-West und der Bundesrepublik werden aufrechterhalten und entwickelt, auch wenn Berlin-West weiterhin nicht als Bestandteil der Bundesrepublik gilt und nicht von der BRD regiert werden darf.

4. Die UdSSR sichert Erleichterungen für Westberliner zu, die „aus humanitären, familiären, religiösen, kulturellen oder kommerziellen Gründen oder als Touristen" nach Berlin-Ost und in die DDR reisen wollen.
5. Das Recht der Bundesregierung, Berlin-West in internationale Abkommen einzubeziehen, wird bestätigt.

Nach: G. Diemer (Hg.): Kurze Chronik der Deutschen Frage, München: Olzog 1990, S. 88, sowie dem Text des Viermächteabkommens, abgedruckt in J. Nawrocki, Die Beziehungen zwischen den beiden Staaten in Deutschland, Berlin: Verlag Gebr. Holzapfel 1986, S. 99 ff.

Bilaterale Rüstungsbegrenzungs- und Rüstungskontrollabkommen USA/Sowjetunion 1963–1987 **4**

Abschluß	Inkrafttreten	Abkommen	Inhalt
1963	1963	Vereinbarung eines „heißen Drahtes"	errichtet eine direkte Nachrichtenverbindung zur Verwendung im Notfall ...
1971	1971	Vereinbarung über Atomunfälle	regelt Maßnahmen, um das Risiko des Ausbruchs eines Atomkrieges zu verringern, einschl. Sicherungen gegen ungewollten Kernwaffengebrauch
1972	1972	Vereinbarung zur Verhinderung von Zwischenfällen auf dem offenen Meer	sorgt für Maßnahmen, um die Sicherheit der militärischen Navigation auf und von Flügen über dem offenen Meer zu garantieren
1972	1972	SALT I: ABM-Abkommen	begrenzt Bereitstellung der Systeme zur Abwehr ballistischer Flugkörper auf zwei Standorte in jedem Land
1972	1972	SALT I: Interimsabkommen	begrenzt die Gesamtzahl bestimmter strategischer Angriffswaffen beider Vertragspartner (ICBM und SLBM)
1973	1973	Protokoll zur „Offenen Meer"-Vereinigung	verbietet vorgetäuschte Angriffe von Schiffen und Flugzeugen einer Vertragspartei und nichtmilitärischen Schiffen der anderen Partei
1973	1973	Vereinbarung zur Verhinderung eines Atomkrieges	sorgt für Zurückhaltung und dringende Konsultationen, um die Gefahr eines Atomkrieges abzuwenden
1974	*	Atomteststoppvertrag (Schwellenvertrag)	begrenzt unterirdische Atomwaffentests auf eine Sprengkraft bis zu 150 KT, ausgenommen Tests zu friedlichen Zwecken
1976	*	Atomteststoppvertrag (PNE-Vertrag)	begrenzt unterirdische Atomtests zu friedlichen Zwecken
1979	*	SALT-II-Vertrag	begrenzt die Zahl der nuklearstrategischen Angriffswaffen
1979	*	SALT-II–Protokoll	begrenzt die Dislozierung und/oder Erprobung von mobilen Interkontinentalraketen sowie bestimmter Marschflugkörper bis zum 31. Dezember 1981
1987	1987	INF-Vertrag	Abbau der Mittelstreckenraketen

* nicht in Kraft; beide Staaten halten sich jedoch an die Vertragsbestimmungen

Nach: Buchbender/Bühl/Quaden: Sicherheit und Frieden. Handbuch der weltweiten sicherheitspolitischen Verflechtungen, Herford: Mittler u. Sohn 1983, S. 325

12 Der Kalte Krieg und die deutsche Teilung

5 Amerikanisch-sowjetisches „Wettrüsten"

Cartoon-Caricature-Contor (Horst Haitzinger), München

6 Ronald Reagan und sein Kampf gegen das ›Reich des Bösen‹

„Für Reagan war der Konflikt zwischen Ost und West nicht nur ein Ringen um Macht und Einfluß, sondern auch ein ideologischer Kampf zwischen grundverschiedenen und miteinander nicht zu vereinbarenden Weltanschauungen. (...) Die Grundpfeiler der Reaganschen Politik gegenüber der UdSSR
5 hießen – jedenfalls bis 1984 – **Antikommunismus** und **Aufrüstung**. (...). Vor Zuhörern der Militärakademie West Point bezeichnete er die UdSSR später als eine ›üble Macht‹ – eine Formel, die er schließlich vor einer Versammlung christlicher Fundamentalisten mit den Worten wiederholte, die Sowjetunion sei ›das Zentrum des Übels in der modernen Welt – **das Reich des Bösen‹**. Im
10 Umgang mit diesem Reich wollte er sich nicht länger auf Verhandlungen verlassen, sondern auf die Macht setzen, die von militärischer Stärke ausging: Von 1981 bis 1985 stieg die Kurve des amerikanischen Verteidigungsbudgets demzufolge steil an – von 178,4 auf 286,8 Milliarden Dollar (...).
Der Preis waren ein wachsendes Defizit des amerikanischen Haushalts und
15 eine Krise im Verhältnis zu den Verbündeten in Westeuropa, wo eine anschwellende **Friedensbewegung** sich heftig gegen die Nachrüstung aussprach und in Massendemonstrationen und Menschenketten um Kasernen ihrer Ablehnung gegen die Stationierung neuer Raketen Ausdruck verlieh.

Tatsächlich konnte bis 1984 von ernsthaften Gesprächen zwischen den USA und der Sowjetunion zur Rüstungsbegrenzung nicht mehr die Rede sein. Zwar fanden seit dem 30. November 1981 in Genf die im Nato-Doppelbeschluß geforderten **INF-Verhandlungen** (Intermediate Nuclear Forces, A.G.) statt. Und im Juni 1982 hatte auch wieder eine Konferenz zur Vereinbarung strategischer Rüstungsbeschränkungen begonnen – diesmal unter dem neuen Namen ›**Gespräche über die Verminderung strategischer Waffen**‹ (START = Strategic Arms Reduction Talks). Aber die politische Konstellation ließ eine Einigung weder in dem einen noch in dem anderen Forum zu. Überdies wurden die Verhandlungen im September 1983 vom Abschuß einer südkoreanischen Passagiermaschine mit 269 Menschen durch sowjetische Militärflugzeuge überschattet und schließlich im November bzw. Dezember 1983 ergebnislos abgebrochen, nachdem die NATO-Staaten sich angesichts der Stagnation in Genf zur Stationierung der geplanten 572 Mittelstreckenraketen in Westeuropa entschlossen hatten.
Die Beziehungen zwischen den USA und der Sowjetunion erreichten danach ihren tiefsten Punkt seit der Zeit des Kalten Krieges in den vierziger und fünfziger Jahren. Doch ausgerechnet jetzt zeigten sich beide Seiten zur Umkehr bereit. So erklärte Präsident Reagan am 16. Januar 1984 – am Vorabend der ›**Konferenz über Vertrauens- und Sicherheitsbildende Maßnahmen und Abrüstung in Europa**‹ (KVAE), die am folgenden Tag in Stockholm begann – in einer Grundsatzrede über das Verhältnis zur Sowjetunion, die Aufrüstung der USA habe inzwischen einen Stand erreicht, der erfolgversprechende Verhandlungen wieder zulasse; das Jahr 1984 (in den USA ein Präsidentschaftswahljahr) sei deshalb ›ein Jahr der Gelegenheiten für den Frieden‹. Und auch in der Sowjetunion setzte sich nach dem Beginn der westlichen Raketenstationierung Ernüchterung ein, weil die Hoffnungen, daß die Nachrüstung an innerwestlichen Widerständen – z. B. den Aktivitäten der Friedensbewegung – scheitern werde, sich nicht erfüllt hatten. Den eigentlichen Wendepunkt im neuen Ost-West-Konflikt der achtziger Jahre kam jedoch erst ein Jahr später, als Michail **Gorbatschow** am 11. März 1985 das Amt des Generalsekretärs der KPdSU übernahm (...)"

M. Görtemaker/M. R. Hrdlicka: Das Ende des Ost-West-Konflikts? Die amerikanisch-sowjetischen Beziehungen von den Anfängen bis zur Gegenwart, Berlin: Landeszentrale für politische Bildungsarbeit 1990, S. 112 ff. (Hervorhebungen wie im Original)

Gorbatschows radikaler Kurswechsel – ein Rettungsversuch 7
Gorbatschows Lageanalyse 1987

„In der Wirtschaft (der UdSSR) verstärkten sich negative Prozesse, die im Grunde genommen eine Vorkrisensituation herbeiführten. In der sozialen und geistig-moralischen Sphäre traten zahlreiche anomale Erscheinungen zutage, die die Prinzipien der sozialistischen Gerechtigkeit entstellten und deformierten, den Glauben des Volkes an diese untergruben, soziale Entfremdung und Unmoral in verschiedenen Formen hervorbrachten. Das wachsende Mißverhältnis zwischen den hohen Prinzipien des Sozialismus und der Realität des Lebensalltages wurde untragbar ... Eine Antwort auf dieses akuteste gesellschaftliche Bedürfnis waren denn auch die vom Plenum des Zentralkomitees vom April 1985 verkündete Konzeption und Strategie der Beschleunigung der sozialen und ökonomischen Entwicklung des Landes und der Kurs auf die Erneuerung des Sozialismus." (S. 68)

Außenpolitischer Kurswechsel: Von Konfrontation zu friedlicher Koexistenz

„Die internationale kommunistische Bewegung steht an einer Wendemarke, ebenso wie der weltweite Fortschritt und seine Triebkräfte selbst.

Die kommunistischen Parteien wollen angesichts der tiefgreifenden Veränderungen an der Jahrhundertwende ihren neuen Platz finden. Ihre internationale Bewegung erneuert sich und wird durch Achtung vor den ebenfalls erneuerten Normen von Vertrauen, Gleichberechtigung und aufrichtiger Solidarität zementiert.

Die Bewegung steht für den Dialog, die Zusammenarbeit, das Zusammenwirken und Bündnis mit beliebigen anderen revolutionären, demokratischen und fortschrittlichen Kräften offen. Die KPdSU zweifelt nicht an der Zukunft der kommunistischen Bewegung. (...)" (S. 115)

„Die gesammelten Erfahrungen helfen, die Beziehungen zwischen den sozialistischen Ländern auf der Grundlage der allgemein anerkannten Prinzipien besser zu gestalten.

Das ist die bedingungslose und volle Gleichheit.

Das ist die Verantwortung der Regierungspartei für die Entwicklung im eigenen Staat, der patriotische Dienst am eigenen Volk.

Das ist die Sorge für die gemeinsame Sache des Sozialismus.

Das ist die Achtung füreinander, ernstes Herangehen an das von Freunden Erreichte und Erprobte, die freiwillige vielfältige Zusammenarbeit.

Das ist die strikte Einhaltung der Prinzipien der friedlichen Koexistenz durch alle. Eben darauf stützt sich die Praxis des sozialistischen Internationalismus. (...)" (S. 116 f.)

Innenpolitischer Kurswechsel: Perestroika (Umgestaltung) und Glasnost (Offenheit)

„Genossen! Eine feste Basis für den beschleunigten Vormarsch in allen Richtungen kann nur *durch grundlegende Veränderungen in der Wirtschaft* geschaffen werden. Auch die Umgestaltung selbst wird ihre ganze Stärke nur dann erreichen, wenn sie die ganze Volkswirtschaft von Grund auf aufrüttelt. Das seinerseits ist verknüpft mit tiefgreifenden Wandlungen im Wirtschaftsmechanismus, im gesamten System der Wirtschaftsleitung.

Die im ganzen Lande eingeleitete Wirtschaftsreform verfolgt das Ziel, in den

nächsten zwei bis drei Jahren den Übergang vom übermäßig zentralisierten und weisungsgebundenen Leitungssystem zu einem demokratischen System zu sichern, das vorwiegend auf ökonomischen Methoden, auf einem normalen Verhältnis von Zentralleitung und Selbstverwaltung beruht. Ein solches System setzt eine bedeutende Erweiterung der Selbständigkeit von Vereinigungen und Betrieben, ihre Umstellung auf volle wirtschaftliche Rechnungsführung und Eigenfinanzierung sowie die Ausstattung der Arbeitskollektive mit den dazu nötigen Rechten voraus. (...) Jeder Mensch besitzt seine sozialen Erfahrungen, seinen Stand von Wissen und Bildung, seine Besonderheiten bei der Rezeption des Geschehens. Daher rührt das ungewöhnlich breite Spektrum der Meinungen (...).
Wir sind für eine mannigfaltige öffentliche Meinung, für ein reiches geistiges Leben. Wir brauchen keine Angst davor zu haben, schwierige Probleme der gesellschaftlichen Entwicklung offen aufzuwerfen und zu lösen, Kritik zu üben und zu diskutieren. Gerade unter solchen Bedingungen setzt sich die Wahrheit durch, formen sich richtige Entscheidungen. (...)" (S. 78 f.)
„Der Marxismus-Leninismus als schöpferische Lehre ist keine Sammlung fertiger Rezepte und doktrinärer Vorschriften. Dem engstirnigen Dogmatismus abgeneigt, sichert die marxistisch-leninistische Lehre eine aktive Wechselwirkung der bahnbrechenden theoretischen Gedanken mit der Praxis, (...). Die brennendsten und dringendsten Bedürfnisse führten uns an den Schluß über die Notwendigkeit der Umgestaltung heran. Aber je tiefer wir in unsere Probleme eindrangen (...), desto klarer wurde, daß die Umgestaltung auch einen umfassenden gesellschaftlich-politischen und historischen Zusammenhang hat.
Die Umgestaltung ist nicht nur das Abschütteln von Stagnation und Konservativismus der vorausgehenden Perioden und die Ausbesserung zugelassener Fehler, sondern auch die Überwindung historisch begrenzter; überholter Züge der Gesellschaftsorganisation und der Arbeitsmethoden. (...)"
„Zwei Schlüsselprobleme der gesellschaftlichen Entwicklung bestimmen das Schicksal der Umgestaltung. Das sind die Demokratisierung des gesamten gesellschaftlichen Lebens und eine radikale Wirtschaftsreform." (S. 73)
„Unsere Hoffnung auf die revolutionäre Läuterung und Wiedergeburt besteht darin, die gewaltigen sozialen Ressourcen des Sozialismus durch Aktivierung der Persönlichkeit, des Faktors Mensch zu erschließen." (S. 72)

Alle Zitate aus: Hans-Peter Riese (Hg.): Gorbatschows historische Rede. Zum 70. Jahrestag der Oktoberrevolution – Perestroika und Glasnost, München: Heyne, 2. Aufl. 1987. Die Rede wurde am 2.11.1987 gehalten (Hervorhebungen wie im Original)

16   Der Kalte Krieg und die deutsche Teilung

8 Bilder des Wandels

Gorbatschow und Reagan nach der Unterzeichnung des INF-Vertrages im Dezember 1987 in Washington   The Bettmann-Archive N.Y.

„Wer zu spät kommt, den bestraft das Leben." (Gorbatschow) 1989 in Ost-Berlin
dpa

2. Die Konsolidierung der DDR in der Zeit des Kalten Krieges

Chronik: Deutschland und die internationalen Beziehungen 1951 bis 1968

1951 **Westalliierte beenden Kriegszustand mit der BRD** und beschließen Integration der BRD in eine kontinentaleuropäische Gemeinschaft und Ersetzung des Besatzungsstatutes durch Deutschlandvertrag.

Wiedererrichtung des Auswärtigen Amtes. Bundesverfassungsgericht konstituiert sich in Karlsruhe (28.9.51).

Berliner Abkommen regelt Interzonenhandel – Rechtsgrundlage für innerdeutschen Handel.

1952 **Stalin-Noten:** Stalin bietet ab dem 10.3.52 in mehreren Noten Deutschland die Einheit, Abzug der Besatzungsmächte, eigene nationale Streitkräfte, den Friedensvertrag und die Aufnahme in die UNO, wenn es sich zur Neutralität verpflichtet und die territorialen Grenzen des Potsdamer Abkommens anerkennt. Ziel der UdSSR ist, die Einbindung der BRD in die EVG zu verhindern. Die Alliierten beharren in Antwortnote auf gesamtdeutschen Wahlen unter UN-Kontrolle und einer entsprechenden Prüfung der Wahlvoraussetzungen, was die UdSSR weiterhin ablehnt. Ein weiterer Notenwechsel führt zu keinem Ergebnis.
Dagegen schreitet die Integration der BRD in das westliche Bündnis voran. Der **Deutschland-Vertrag** wird in Bonn unterzeichnet (26.5.52) und löst das Besatzungsstatut ab: alliiertes Sonderrecht der Truppenstationierung in der BRD und alliierte Verantwortung für Berlin im Blick auf Deutschland als Ganzes bleiben bis zur Wiedervereinigung und einem Friedensvertrag bestehen.

8.2.52: Bundestag beschließt gegen die Stimmen der Opposition Mitgliedschaft der BRD in der Europäischen Verteidigungsgemeinschaft (EVG). Stalins Antwort: die **Stalin-Noten** (ab 10.3.52): Das Angebot wird auch in der BRD kontrovers diskutiert, schließlich von BRD und den Alliierten abgelehnt. Bundeskanzler Adenauer setzt seine Politik der Westintegration durch. Die BRD tritt Internationalem Währungsfonds (IWF) bei.

DDR kündigt Aufbau nationaler Streitkräfte an. Politische Prozesse in Thüringen und Sachsen sollen die Opposition einschüchtern. DDR-Ministerrat beschließt völlige Abriegelung der Grenze zur BRD (26.5.52). DDR-Grenzer dürfen im „Todesstreifen" direkt an der Grenze ohne Anruf auf Flüchtlinge schießen. Berlin (West) wird für DDR-Flüchtlinge letztes „Tor in die Freiheit"; Klassenkampf „nach innen" verstärkt.

Die Konsolidierung der DDR in der Zeit des Kalten Krieges

1953 Nach dem **Tod Stalins (5. 3. 53) Nachfolger** Nikita S. **Chruschtschow;** er leitet **Entstalinisierung** und in vorsichtigen Schritten „**politisches Tauwetter**" ein. **Waffenstillstand** unterzeichnet in **Korea**

Bundestag fordert einstimmig Viermächtekonferenz über freie Wahlen in ganz Deutschland, Bildung einer gesamtdeutschen Regierung und Abschluß eines Friedensvertrages. Die Bundesregierung protestiert gegen das Vorgehen der DDR und UdSSR gegen Kritiker und Demonstranten im Juni 1953. Der Bundestag erklärt den 17. Juni zum „Tag der deutschen Einheit".

Am 9.6.53 beschließt das SED-Politbüro einen „Neuen Kurs". Damit verbundene Arbeitsnorm-Erhöhungen führen am 17.6.53 zu spontanen Streiks und Demonstrationen, die in politischen Forderungen münden: nach freien Wahlen und Wiedervereinigung, gegen die SED-Herrschaft. Rote Armee schlägt den Aufstand nieder, Ulbricht setzt sich gegen interne Opposition durch.

1954 Erneut scheitert ein alliierter Vorschlag zum Thema gesamtdeutsche Wahlen und Friedensvertrag an der Ablehnung Moskaus. Daraufhin wird auf den **Pariser Konferenzen** Westintegration der BRD vorangetrieben: Beitritt der BRD zur Westeuropäischer Union (WEU, einer Erweiterung des Brüsseler Paktes) und NATO; Wiederherstellung der **deutschen Souveränität.** Zusätzlich wird der „**Deutschland-Vertrag**" aufgenommen. Sicherheitsgarantie für BRD durch **Pariser-Verträge** und Westmächte.

Begründung der Wehrhoheit der BRD

Parteisäuberungen durch SED-Führung

1955 UdSSR, DDR, Polen, CSSR, Ungarn, Rumänien, Bulgarien und Albanien schließen sich in Warschau zu einer **Verteidigungsgemeinschaft** zusammen, dem **Warschauer Pakt** (11.–14. 5. 55). Chruschtschow verkündet in Berlin-Ost seine **Zwei-Staaten-Theorie** (24.–27. 7. 55): Die Wiedervereinigung sei Sache der Deutschen. Die politischen und wirtschaftlichen Errungenschaften der DDR dürften allerdings nicht angetastet werden. Er schlägt eine Konföderation beider deutscher Staaten vor, die von Westmächten und von von der BRD abgelehnt wird: Einheit sei nur auf der Basis freier, gesamtdeutscher Wahlen möglich.

Bundestag nimmt **Pariser Verträge** an. Seit 5. Mai gilt die **BRD** als „**souveräner**" **Staat** und tritt der **NATO** bei (9. 5.); Allparteiendelegation unter Bundeskanzler Adenauer vereinbart in Moskau Aufahme diplomatischer Beziehungen und Heimkehr deutscher Kriegsgefangener. Die Bundesregierung erklärt, daß sie sich auch

Die DDR-Volkskammer wendet sich gegen Unterzeichnung der Pariser Verträge durch BRD und schlägt Volksbefragung zur Wiedervereinigung vor. Erste Jugendweihen in Ost-Berlin; Mai: DDR beginnt mit Bildung von Betriebskampfgruppen und wird **Mitglied des Warschauer Paktes.**
Am 20. 9. 55 bestätigt die UdSSR

weiterhin als einzig rechtmäßig gebildete deutsche Regierung betrachtet und verkündet **Hallstein-Doktrin:** Aufnahme diplomatischer Beziehungen zur DDR durch Dritt-Staaten wird als „unfreundlicher Akt" gewertet.

die volle **Souveränität der DDR** und schließt mit ihr einen **Freundschaftsvertrag.**

1956 **20. Parteitag der KPdSU** (14.–25. 2. 1956): **Verurteilung der Verbrechen Stalins;** Entstalinisierung; Parteisäuberungen; Wirtschaftsreformen; Ausbau der Schwerindustrie; nukleare Aufrüstung; ideologische Auflockerung des kommunistischen Blocks und Propagierung der „friedlichen Koexistenz" zwischen verschiedenen Gesellschaftssystemen. 23. 10. 56: **Volksaufstand in Ungarn;** Ziel: ungarischer Weg zum Sozialismus ohne sowjetische Vorherrschaft. Sowjetische Truppen schlagen den Aufstand bis 11. 11. 56 nieder.

Einführung der allgemeinen Wehrpflicht (21. 7. 56); Bestätigung des Rechtes auf Wehrdienstverweigerung; Verbot der KPD durch das Bundesverfassungsgericht (17. 8. 56).

Gesetz zum Aufbau der Nationalen Volksarmee (NVA). Nach antisowjetischem Ungarn-Aufstand Verhaftungs- und Prozeßwelle in der DDR.

1957 **„Römische Verträge":** Länder der Europäischen Gemeinschaft für Kohle und Stahl (EGKS) begründen **Europäische Wirtschaftsgemeinschaft (EWG)** (25. 3. 57).

Deutschland-Plan der SPD: Ausstieg von BRD und DDR aus NATO bzw. Warschauer Pakt als Voraussetzung einer Wiedervereinigung. Abbruch der diplomatischen Beziehungen zu Jugoslawien, nachdem dieses diplomatische Beziehungen zur DDR aufgenommen hatte.

Politische (Schau-)Prozesse gegen „Abweichler" von der stalinistischen SED-Parteilinie, um negative Einflüsse aus dem Ungarn-Aufstand und Moskauer Entstalinisierungspolitik abzuwehren.

1958 **Chruschtschow-Ultimatum** (27. 11. 58): UdSSR fordert Abzug aller westalliierter Truppen, binnen eines halben Jahres Bildung einer „Freien Stadt West-Berlin", droht andernfalls mit der Übergabe der Zufahrtskontrollen an die DDR: **2. Berlinkrise.** Zurückweisung dieser Forderung durch Westmächte, die sich bereit erklären, die Freiheitsrechte Berlins zu verteidigen.

Die Bundesregierung hält am Ziel der deutschen Einheit auf der Basis freier Selbstbestimmung fest.

Der V. Parteitag der SED beschließt, Lebensstandard der BRD bis 1961 zu überholen.

Die Konsolidierung der DDR in der Zeit des Kalten Krieges

1959 UdSSR fordert Durchführung einer Friedenskonferenz und Abschluß eines Friedensvertrages mit beiden deutschen Staaten. Danach soll Berlin-West den Status einer „entmilitarisierten Freien Stadt" erhalten. Westmächte lehnen ab, da dieser Vorschlag auf eine Anerkennung der DDR und die Aufrechterhaltung des SED-Regimes hinausliefe. Daraufhin droht Chruschtschow Separatfrieden mit DDR an. Wiedervereinigung Deutschlands unter Preisgabe der DDR schließt er aus, erkennt aber Rechte der Westmächte in Berlin an.

Dr. H. Globke, Staatssekretär im Bundeskanzleramt, legt Stufenplan zur deutschen Einheit vor (Globke-Plan): nach 5jähriger Vorbereitungszeit – bei fortbestehender Bündniszugehörigkeit – Abstimmung über Wiedervereinigung, dann Bündnisfreiheit; Gesamtprozeß unter UN-Kontrolle. Dies wird von der Gegenseite ebenso abgelehnt, wie die Bundesregierung Vorstellungen von DDR/UdSSR über eine deutsch-deutsche Konföderation ablehnt. November: Die SPD legt **Godesberger Programm** vor, wandelt sich von reiner Arbeiter- zur Volkspartei.

Beschleunigte Umwandlung der noch existierenden selbständigen Bauernhöfe zu Landwirtschaftlichen Produktionsgenossenschaften (LPG). Zweiter 5-Jahresplan wird abgebrochen und durch einen an der UdSSR orientierten Siebenjahresplan zur Entwicklung der Volkswirtschaft (Hauptgewicht auf Schwerindustrie) ersetzt. Volkskammer-Beschluß über Einführung der zehnklassigen polytechnischen Oberschule (POS) bis 1964.

1960 Chruschtschow wiederholt **Drohung**, einen Separatfrieden mit der DDR abzuschließen, falls keine Einigung über einen Friedensvertrag zustandekomme. Eskalation: **U-2-Zwischenfall** (1. 5. 1960) – Über UdSSR-Territorium wird ein US-Spionageflugzeug abgeschossen. Pariser Vier-Mächte-Konferenz endet deshalb mit einem Eklat: Die UdSSR verläßt vorzeitig die letzte der Vier-Mächte-Deutschland-Konferenzen. Am 26. 10. 60 wiederholt die UdSSR erneut die Androhung eines Separatfriedens, was die Westmächte unter Hinweis auf die Verantwortung der UdSSR als Siegermacht zurückweisen.

H. Wehner (SPD) bekennt sich in außenpolitischer Grundsatzrede zum europäischen und atlantischen Bündnis- und Verteidigungssystem. Bundesregierung protestiert gegen Beschränkung des innerdeutschen Reiseverkehrs.

Das ZK der SED ruft zum innerdeutschen Wettbewerb mit dem Ziel der Wiedervereinigung auf. Nach dem Tod des Staatspräsidenten Wilhelm Pieck Bildung eines Staatsrates als kollektivem Leitungsorgan; Vorsitz: W. Ulbricht.

1961 **Nato-Konferenz** (8.–10. 5. 1961): Außenminister der Westmächte und der BRD bekräftigen, daß die Lösung der Deutschen Frage nur auf der Basis des Selbstbestimmungsrechtes möglich ist. Treffen zwischen dem neuen US-Präsidenten John F. **Kennedy und Chruschtschow** am 4. 6. 1961 in Wien bringt keine Annäherung zwischen den Supermächten. Kennedy betont die Entschlossenheit der USA, ihre Rechte in Berlin-**West** (Präsenz der Westmächte, die Freiheit des Zugangs und die Freiheit und Lebensfähigkeit der Westberliner) zu wahren, die er von der aggressiven Außenpolitik der UdSSR bedroht sieht. Chruschtschow treibt die weitere Abschottung und Stabilisierung seines Machtbereiches voran. Auf die wirtschaftlichen und politischen Schwierigkeiten der DDR (Anschwellen des DDR-Flüchtlingsstromes) reagiert die UdSSR am 30. 5. 61 mit einem **2-Milliarden-Mark-Kredit** an die DDR. Gerüchte über eventuelle weitere Maßnahmen des Ostblocks; daruf hin Außenminister-Konferenz der Westmächte und der BRD in Paris; Beratung von Maßnahmen für den Fall einer kritischen Situation in Berlin. Chruschtschow kündigt Verstärkung der Roten Armee an sowie die Einberufung von Reservisten (7. 8.). Auf den **Bau der Berliner Mauer** (13. 8. 61) reagieren die Alliierten nur mit Protesten, da der Status quo letztlich unverändert bleibt.

Im Mai werden Verhandlungen über deutsch-sowjetisches Kulturabkommen unterbrochen, da die UdSSR eine Einbeziehung von Berlin-West ablehnt. Proteste der Bundesregierung und der Alliierten gegen Mauerbau bleiben halbherzig und erfolglos.

Am 13. August beginnt die DDR mit dem **Bau der Berliner Mauer** und löst die **3. Berlinkrise** aus: Schießbefehl, Sperrung der Ostsektoren für Westberliner, Zwangsräumung der Grenzzone.

1962 **Eskalation** der Ost-West-Spannung: Die UdSSR erklärt am 17. 9. 62 Viermächtestatus Berlins für beendet (zurückgewiesen von der US-Regierung). **Kuba-Krise** (28. 10. 62): Die USA fühlen sich von sowjetischen Mittelstreckenraketen auf Kuba bedroht, verhängen eine Blockade gegen Kuba und fordern den Abzug der Raketen, während die UdSSR sich von US-Mittelstreckenraketen in der Türkei bedroht fühlen. US-Drohung mit ernsthaften militärischen Reaktionen gegen weiteren Raketen-Konvoi der UdSSR nach Kuba führt zum Einlenken der UdSSR und zum Abdrehen des Konvois. Notwendigkeit eines effektiven Krisenmanagements offensichtlich.

Bundesregierung bietet der UdSSR als Gegenleistung für Abbau der Spannungen und größere Freiheiten für DDR-Bürger an, die Frage der Wiedervereinigung für zehn Jahre „einzufrieren" („**Burgfrieden**").

Einführung der allgemeinen Wehrpflicht. SED schlägt Konföderation BRD-DDR mit dem Ziel der Wiedervereinigung nach Einführung des Sozialismus in der BRD vor.

1963 Deeskalation: direkte Nachrichtenverbindung (**„Heißer Draht"**) zwischen USA und UdSSR seit 20. 6. 63. **Atomteststopp-Abkommen** zwischen den USA, der UdSSR und GB (5. 8. 63). US-Präsident John F. **Kennedy** zeigt Flagge und besucht vom 23.-26. 6. 63 die BRD und Berlin-West („Ich bin ein Berliner!").

Bundeskanzler Adenauer erklärt Bereitschaft der BRD zur Teilnahme an multilateraler NATO-Atomstreitmacht, deren Bedeutung für die Sicherheit der BRD er betont. Im Juli legt Egon Bahr (SPD) sein Konzept für eine neue Ostpolitik dar – **„Wandel durch Annäherung":** Wiedervereinigung sei kein einmaliger Akt, sondern ein Prozeß vieler Schritte und Stationen. Voraussetzung sei die Verbesserung des Verhältnisses zur UdSSR. 11. 10. 63: **Adenauer tritt zurück.** Nachfolger: Ludwig **Erhard** (CDU), bisher Wirtschaftsminister. 17. 12. 63: Passierscheinabkommen gestattet Westberlinern einen befristeten Verwandtenbesuch in Ost-Berlin.

VI. Parteitag der SED bekräftigt starke Anlehnung an die sowjetische Führungsmacht und Anspruch, „das gesamte gesellschaftliche Leben" zu leiten. Einrichtung einer „Arbeiter- und Bauern-Inspektion" (ABI). Aufgabe: Kontrolle der Wirtschaft auf allen Ebenen. Einführung des Neuen Ökonomischen Systems der Planung und Leitung der Volkswirtschaft (NÖSPL), um durch Verstärkung materieller Leistungsanreize auf Kosten des dirigistischen Zentralismus die Leistung zu steigern.

1964 Freundschafts- und Beistandspakt zwischen UdSSR und DDR (Garantie der Unantastbarkeit der DDR-Grenzen). Westmächte betonen erneut Selbstbestimmungsrecht der Deutschen. **Entmachtung Chruschtschows;** Nachfolger: Leonid **Breschnew**

Letzte gesamtdeutsche Olympiamannschaft; zweites Passierscheinabkommen zwischen West-Berliner Senat und DDR; ähnliche folgen 1965 und 1966; seit 1964 besteht für Reisende aus der BRD und aus westlichen Ländern Mindestumtausch-Zwang bei DDR-Reisen.

Einführung neuer DDR-Personalausweise; „Mark der Deutschen Notenbank" ersetzt „Deutsche Mark"; DDR erlaubt Besuchsreisen von Rentnern nach Berlin-West und in die BRD (DDR-Volksmund: Rentenalter = „Reisealter").

1965 Westmächte bestätigen einerseits das Selbstbestimmungsrecht der Deutschen. Frankreichs Präsident de Gaulle stimmt der sowjetischen und polnischen Interpretation des Potsdamer Abkommens zu, wonach dort Oder-Neiße-Linie als polnische Westgrenze festgelegt sei, was die Bundesregierung jedoch zurückweist.

Die Konsolidierung der DDR in der Zeit des Kalten Krieges

Anläßlich einer Sitzung des Bundestages am 7.4.65 in Berlin-West wird Bundestagsabgeordneten der Transit verweigert; Behinderungen des Transitverkehrs.

SED verschärft Überwachung des kulturellen Bereichs; „schädliche Tendenzen" in Film, Fernsehen und Literatur werden scharf überwacht.

1966 Frankreich teilt in Noten an die Verbündeten seine Absicht mit, sich aus der Nato zurückzuziehen.

25.3.1966: „**Friedensnote**" – Regierung Erhard bietet Ostblockstaaten Gewaltverzichtserklärung an mit dem Ziel der Verständigung mit den östlichen Nachbarn und einer Lösung der Deutschlandfrage auf Grundlage des Selbstbestimmungsrechts. Vorstoß wird von den Alliierten begrüßt, von der UdSSR jedoch abgelehnt.

SPD und SED vereinbaren Redneraustausch; der Bundestag gewährt SED-Rednern „Freies Geleit" durch BRD. Ulbricht regt erneut eine deutsch-deutsche Konföderation an nach „demokratischen Umwälzungen in der BRD", lehnt aber Friedensnote und folgende Angebote ab.

1967 EGKS, EWG und Euratom verschmelzen am 1.7.67 zur **Europäischen Gemeinschaft (EG)** mit vier Organen: Kommission, Ministerrat, Parlament und Gerichtshof. NATO definiert als zukünftige Aufgaben der Allianz: Verteidigung und Entspannung sowie das Ziel, eine gerechte und dauerhafte Friedensordnung in Europa durch Überwindung der Teilung Europas und Deutschlands in Ost und West zu schaffen.

Aufgabe der Hallstein-Doktrin. Bei einem Besuch des Schahs Reza Pahlevi in der BRD kommt es zu Ausschreitungen. Der Student Benno Ohnesorg wird von einem Polizisten erschossen. Darauf formieren sich zahlreiche oppositionelle Gruppen zur Außerparlamentarischen Opposition (APO) gegen die **Große Koalition**.

Einführung einer eigenen DDR-Staatsbürgerschaft. Ulbricht stellt Führungsanspruch der KPdSU in Frage, indem er „Sozialismus" als eigenständige, langdauernde Gesellschaftsform bezeichnet, die in der DDR beispielhaft entwickelt sei und keineswegs nur eine kurze Übergangsphase zum Kommunismus darstelle.

1968 Atomwaffensperrvertrag (Vertrag über Nichtverbreitung von Atomwaffen) unterzeichnet. „**Prager Frühling**": Versuch der kommunistischen Regierung unter Alexander **Dubček**, einen „Sozialismus mit menschlichem Antlitz" zu realisieren und sich aus sowjetischer Bevormundung zu lösen. Am 21.8. beenden Ostblock-Truppen (darunter auch NVA-Soldaten) die Reformansätze durch Besetzung der CSSR unter Berufung auf **Breschnew-Doktrin**: Die Souveränität sozialistischer Staaten sei

begrenzt; die UdSSR besitze ein Interventionsrecht gegenüber sozialistischen Staaten, deren Entwicklung „den Sozialismus gefährdet". Zunahme von Ost-West-Spannungen.	
Gründung der DKP (Deutschen Kommunistischen Partei), die sich eng an die SED anlehnt. Die APO stößt vor allem bei Studenten auf starke Sympathien und fordert durch Demonstrationen und Aktionen Veränderungen im Bildungssystem und in der Gesellschaft.	Volksentscheid über neue sozialistische Verfassung der DDR; Art. 1 bestätigt SED-Führungsanspruch. Beschluß über vormilitärische Ausbildung aller DDR-Jugendlichen auf Kongreß der Gesellschaft für Sport und Technik (GST).

2.1. Die SED eignet sich den Staat an

Die Konsolidierung der DDR wurde von der SED nach 1949 auf mehreren Ebenen vorangetrieben. Zum einen wurde Schritt für Schritt die Abschottung des eigenen Territoriums gegenüber dem Westen ausgebaut. Mit Hilfe der russischen Militärmacht, die den Volksaufstand vom 17. Juni 1953 niederschlug, sowie dank zahlreicher politischer Prozesse, Verhaftungen und Säuberungen war es gelungen, Kritiker mundtot zu machen oder aus dem Lande zu drängen und 1956 ein Überspringen ungarischer Reformideen zu verhindern. Immer noch wurde die Überlebensfähigkeit der SED-Herrschaft und damit der DDR jedoch durch die zahlreichen – oft hochqualifizierten – Flüchtlinge in Frage gestellt, die über die offene Grenze in Berlin die DDR verließen und ohne die es immer unwahrscheinlicher wurde, daß die SED ihre hochgesteckten Ziele jemals erreichen könnte. Der Bau der Berliner Mauer 1961 stopfte das letzte Loch im „Eisernen Vorhang" und ermöglichte es, daß sich die SED von nun an voll der Verwirklichung des Sozialismus im eigenen Lande zuwenden konnte.

Bei ihrem Versuch, die eigene Herrschaft zu festigen und auszubauen, überließ die SED so wenig wie möglich dem Zufall. Waren die Ergebnisse nicht so wie gewünscht, wurden sie geschönt – ob in der Wirtschaft oder in der Politik, etwa bei Wahlen, wo regelmäßig die SED-Einheitslisten annähernd 100 Prozent der Stimmen erhielten.

9 „Demokratischer Zentralismus": Die SED und die Interessen des Volkes

„Die Diktatur des Proletariats gründet sich auf das Bündnis der Arbeiterklasse mit den Bauern und den anderen Werktätigen; so repräsentiert sie immer die Mehrheit des Volkes. Sie richtet sich gegen die Minderheit der Ausbeuter, solange der Kampf um die Macht und ihre Sicherung geführt
5 wird. In unserem Staat, in dem es keine Ausbeuter mehr gibt, vertritt sie, wie es im Programmentwurf heißt, die Interessen des ganzen Volkes.
Das muß hervorgehoben werden, denn es ist ein beliebter Trick bürgerlicher

Argumentation, die Diktatur des Proletariats der Demokratie entgegenzustellen. Der wirkliche Gegensatz aber besteht zwischen der Macht der Arbeiterklasse und der Macht der Bourgeoisie, wobei die bürgerliche Demokratie stets eine verhüllte Form der Diktatur des Großkapitals ist, das heißt der Herrschaft der Minderheit über die Mehrheit. Die Macht der Arbeiterklasse, die Diktatur des Proletariats, ist zutiefst demokratisch. Sie ist, wie Lenin nachwies, die höchste Form der Demokratie. Wer das nicht verstanden hätte, müßte sich darüber wundern, daß es in unserem Programm (...) heißt: ›Die Hauptrichtung, in die sich die sozialistische Staatsmacht entwickelt, ist die weitere Entfaltung und Vervollkommnung der sozialistischen Demokratie.‹ Sozialistische Demokratie ist die lebendige Wirklichkeit unseres Staates. Neben den gewählten Volksvertretungen mit ihrer lebensnahen demokratischen Arbeitsweise gibt es die vielfältigsten Formen, in denen die Bürger an der Leitung des Staates und der Wirtschaft mitwirken. Sie reichen von den Aktivs bei den Kommissionen der örtlichen Volksvertretungen bis zu den Elternbeiräten, von den gewerkschaftlichen Organen im Betrieb bis zu den Ausschüssen der Nationalen Front in den Wohngebieten. (...) Unser demokratisches Leben mit seiner reichen, vielfältigen Substanz steht unendlich hoch über allem, was in kapitalistischen Staaten Demokratie und Mitbestimmung genannt wird."

Neues Deutschland, 4. 2. 1976, zit. nach: Zweimal Deutschland, Lehrbuch für Politik und Zeitgeschichte von E. Thurich/H. Endlich, Frankfurt/Main: Diesterweg 1987, S. 90 f.

„Demokratischer Zentralismus": Die führende Rolle der SED   10

„Die führende Rolle der SED in der sozialistischen Gesellschaft der DDR ist kein selbstgewählter Anspruch, sondern der historische Auftrag der Arbeiterklasse, die diese Partei hervorgebracht hat und ihr das Gepräge gibt. (...) Partei der Arbeiterklasse und des ganzen Volkes zu sein – diesem hohen Anspruch wird die SED gerecht, indem sie ihr Wirken täglich an den Interessen der Arbeiterklasse und aller Werktätigen orientiert. Als ihr bewußter und organisierter Vortrupp hat sich die SED beim sozialistischen Aufbau und im Kampf um die Erhaltung des Friedens zu einer starken marxistisch-leninistischen Kampfpartei entwickelt. Sie ist fest verankert in der Arbeiterklasse, vereint in ihren Reihen deren progressivste und aktivste Vertreter, (...). Die SED weist sich als eine Partei der Arbeiterklasse und des ganzen Volkes aus, weil sie aus dem Volke kommt, zum Volke gehört und konsequent dessen Interessen vertritt, weil sie ihrem revolutionären Voranschreiten den Sinn des Sozialismus zugrunde legt: Alles zum Wohl des Volkes, alles für das Glück der arbeitenden Menschen!"

Aus: „PARTEILEHRJAHR DER SED", Studien- und Seminarhinweise für Teilnehmer und Propagandisten der Seminare zur politischen Ökonomie des Sozialismus und der ökonomischen Strategie der SED. 3. Studienjahr, Dietz Verlag: Berlin (Ost) 1989, S. 10–18

11 Aus Ländern werden Bezirke

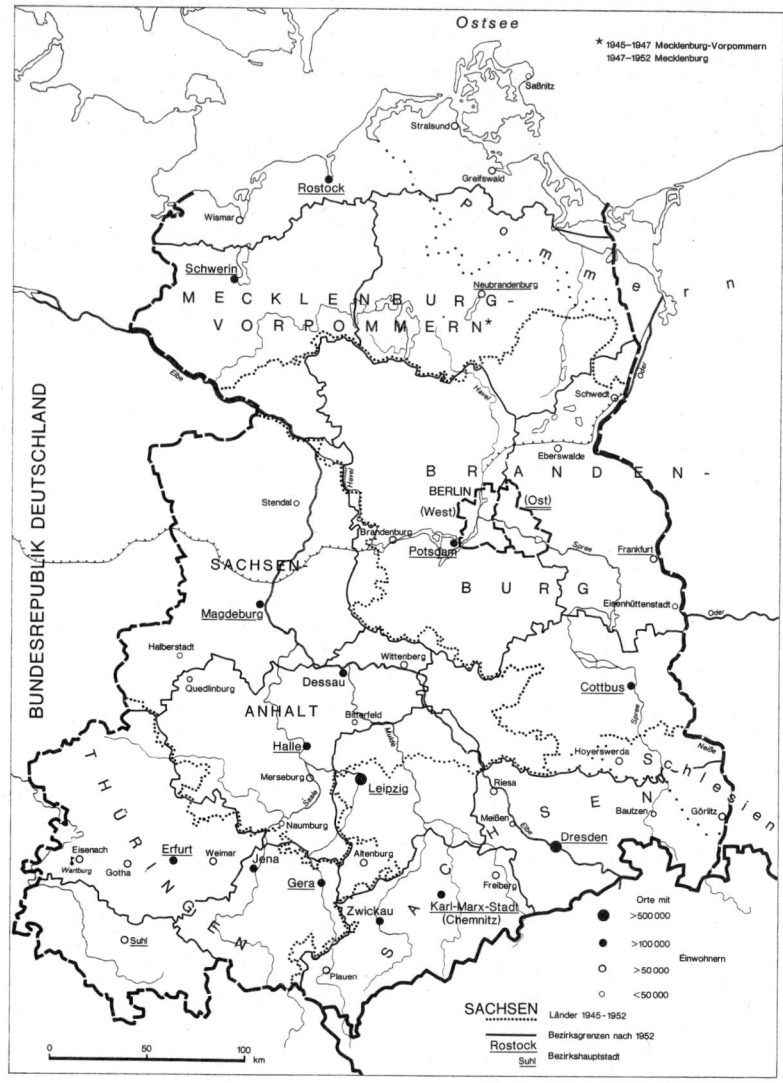

Durch eine Verwaltungsreform wurden 1952 die Länder der DDR aufgelöst und 14 Bezirke eingerichtet.

Die Konsolidierung der DDR in der Zeit des Kalten Krieges

Der Organisationsaufbau der SED   **12**

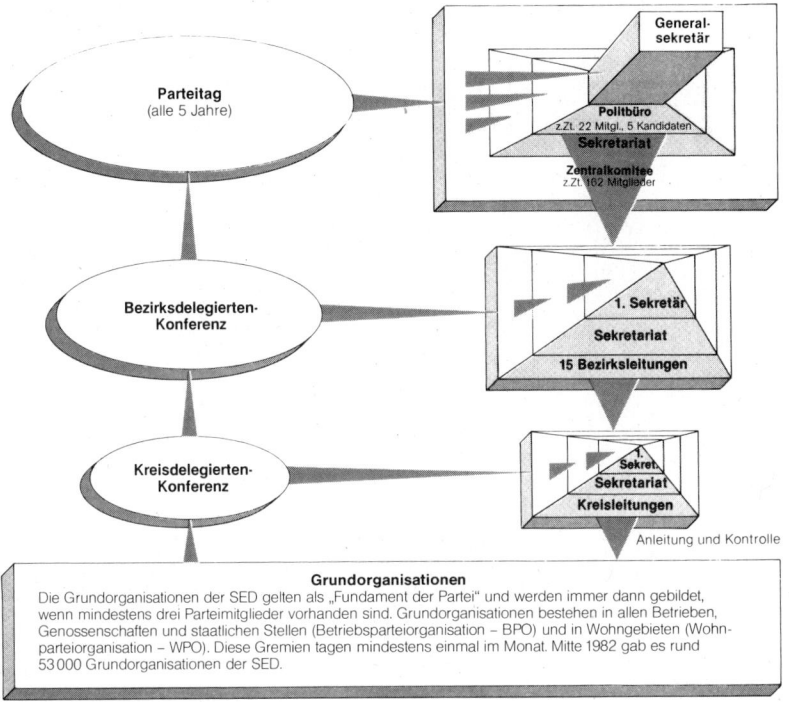

Grundorganisationen
Die Grundorganisationen der SED gelten als „Fundament der Partei" und werden immer dann gebildet, wenn mindestens drei Parteimitglieder vorhanden sind. Grundorganisationen bestehen in allen Betrieben, Genossenschaften und staatlichen Stellen (Betriebsparteiorganisation – BPO) und in Wohngebieten (Wohnparteiorganisation – WPO). Diese Gremien tagen mindestens einmal im Monat. Mitte 1982 gab es rund 53 000 Grundorganisationen der SED.

Die Ergebnisse der Volkskammerwahlen von 1950 bis 1986   **13**

Wahljahr	Wahlbeteiligung in %	Ja-Stimmen in %
1950	98,53	99,72
1954	98,51	99,46
1958	98,90	99,87
1963	99,25	99,95
1967	98,82	99,93
1971	98,48	99,85
1976	98,58	99,86
1981	99,21	99,86
1986	99,74	99,94

Feststehende Sitzverteilung für die 500 Abgeordneten:

SED	127
CDU	52
LDPD	52
NDPD	52
DBD	52
FDGB	61
FDJ	37
DFD	32
KB	21
VdgB	14
	500

Zahlenspiegel, BRD/DDR, Ein Vergleich, hrsg. vom Bundesministerium für innerdeutsche Beziehungen, Bonn, 2. Aufl. 1988, S. 21

14 Politische Führung durch die SED bei Gewalteneinheit

Politische Führung durch die SED bei Gewalteneinheit

Staat

Partei

Politbüro unter Leitung des Generalsekretärs der SED:
Fällt die politischen Grundsatzentscheidungen. Lenkt die Arbeit aller staatlichen und gesellschaftlichen Organisationen über Parteimitglieder in diesen Organisationen.
Die von der SED vorgegebene politische Grundlinie ist auch für die in der Nationalen Front zusammengeschlossenen sonstigen Parteien und deren Vertreter in allen Gremien verbindlich.

Sekretariat des Zentralkomitees der SED und ZK-Abteilungen: Vorbereitung, Durchführung und Kontrolle der politischen Grundsatzentscheidungen

Zentralkomitee der SED
Formell höchstes Parteiorgan zwischen den Parteitagen

(Staat)

Generalsekretär

Partei und Staat sind nach einem einheitlichen Prinzip organisiert, dem „**demokratischen Zentralismus**":
- Verbindlichkeit der jeweils höheren Organe für die nachgeordneten Organe
- Rechenschaftspflicht der gewählten Organe
- Wahlen der von unten vorgeschlagenen und von oben bestätigten Kandidaten

Staatsrat: Kollektives Staatsoberhaupt

Ministerrat: Regierung, die die Durchführung und Umsetzung der politischen Grundsatzentscheidungen leitet.

Nationaler Verteidigungsrat: unter Vorsitz des Generalsekretärs der SED, der im Verteidigungsfall Oberbefehlshaber ist.

Oberstes Gericht: Höchstes Organ der Rechtsprechung, leitet die Rechtsprechung aller Gerichte.

(Politbüro; Fachministerien, staatliche Ämter und Plankommission)

Zahlenspiegel, S. 19

Die Konsolidierung der DDR in der Zeit des Kalten Krieges 29

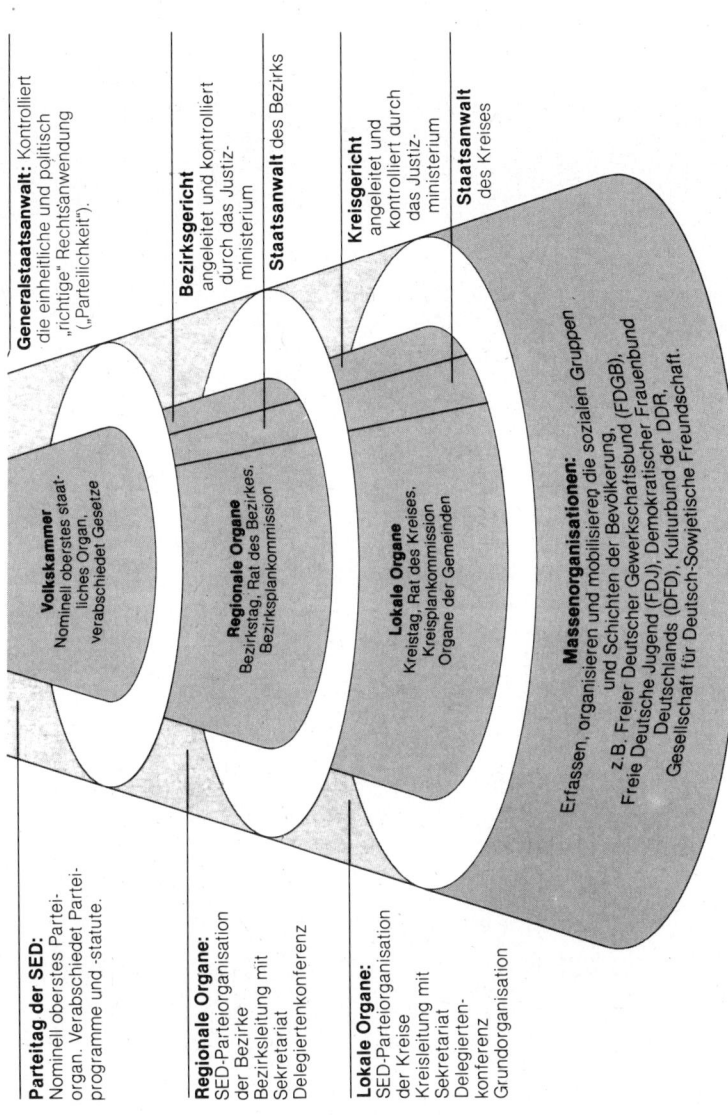

Quellen: Zusammengestellt nach den geltenden Rechtsnormen, vor allem: DDRV; Statut der SED v. 22. 5. 1976; MRG; NVRG; VKGO

30 Die Konsolidierung der DDR in der Zeit des Kalten Krieges

15

Personelle Verflechtungen des Politbüros des ZK der SED mit Organen in Partei, Staat und Gesellschaft (Stand Juni 1984)

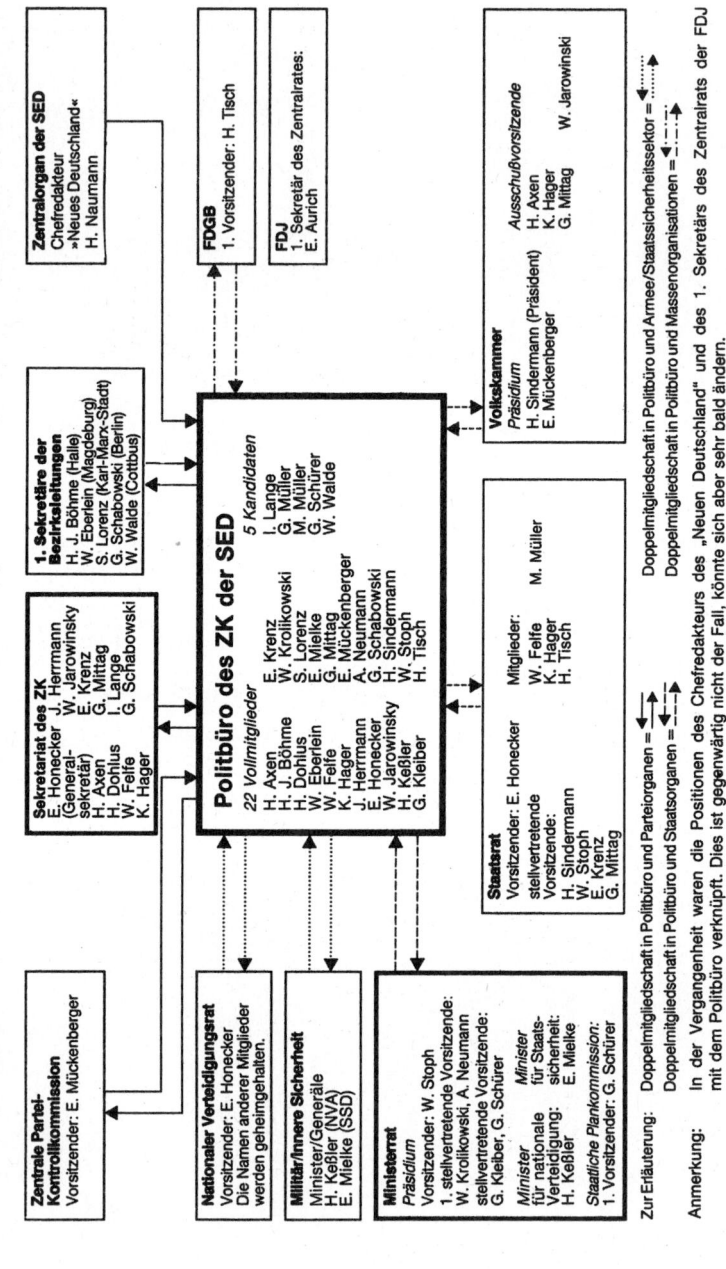

Zahlenspiegel, S. 17

2.2. Die Aneignung der Wirtschaft

Die zweite Teilstrategie der SED zur Herrschaftssicherung bestand darin, durch Unterwerfung des gesamten Wirtschaftslebens unter einen staatlichen Generalplan die materiellen Bedürfnisse der Bevölkerung genauso gut oder besser zufriedenzustellen wie der Kapitalismus. Billiges Wohnen, billiges Reisen, billige Grundnahrungsmittel, sichere Berufsausbildung und sichere Arbeitsplätze sollten die Zufriedenheit der Bürger und damit ihre Loyalität gegenüber dem sozialistischen System steigern. Die Grundsätze der Kollektivierung der Wirtschaft bezogen die SED-Wirtschaftsplaner in Theorie und Praxis vom sowjetischen Modell.

16

DDR-Wirtschaftsordnung (Art. 2 Abs. 2 Verfassung der DDR):
Sozialistische Planwirtschaft, verankert im SED-Parteiprogramm und in der DDR-Verfassung, gehört als endgültige Überwindung kapitalistischer Wirtschaftsstrukturen zu den ›unantastbaren Grundlagen der sozialistischen Gesellschaftsordnung‹.

Kerngedanke:
Gesetze der Politischen Ökonomie sollen nach einem einheitlichen, auf die Entwicklung von Wirtschaft und Gesellschaft gerichteten staatlichen Gesamtplan wirksam werden.

Grundprinzipien:
vergesellschaftetes Eigentum an den Produktionsmitteln, über das allerdings nicht die Masse der arbeitenden Menschen, sondern Leitungs- und Planungsgremien der SED und des Staates verfügen

Zentrale, allumfassende Planung und Leitung der Produktion und Distribution durch den Staat, der wiederum von der SED angeleitet und geführt wird, über die Produktionsmittel verfügt, den Produktions- und Verteilungsprozeß leitet sowie als Verkörperung der wirtschaftlichen Interessen der Gesellschaft gilt

Geringe Autonomie von Betrieben, Verwaltungen und von gesellschaftlichen Organisationen, die sich primär auf die Durchführung von Entscheidungen der SED beschränken

Verteilung des Arbeitsproduktes nach Arbeitsleistung, entsprechend dem Prinzip ›Jeder nach seinen Fähigkeiten, jedem nach seinen Leistungen‹.

↓

32   Die Konsolidierung der DDR in der Zeit des Kalten Krieges

> ›**Einheit von Politik und Ökonomie**‹ – **Hauptziele:**
> 1) die Grundmerkmale der Wirtschaftsordnung – gesellschaftliches Eigentum und zentrale Planung und Leitung – funktionsbereit zu halten
> 2) durch wirtschaftliches Wachstum und die Modernisierung der Wirtschaftsstrukturen den Lebensstandard anzuheben
> 3) politische Machtbehauptung durch Maßnahmen zur Beschäftigung und Berufsausbildung, zur Produktion und Verteilung, zur Infrastruktur, zur Einkommensbildung, zur sozialen Sicherheit und zum Konsum.

Nach Prof. Dr. Ralf Rytlewski, in: Informationen zur politischen Bildung 205, Die DDR, Neudruck, Bonn 1988, S. 32 f.

17 Entwicklung der Erwerbstätigkeit in DDR und BRD

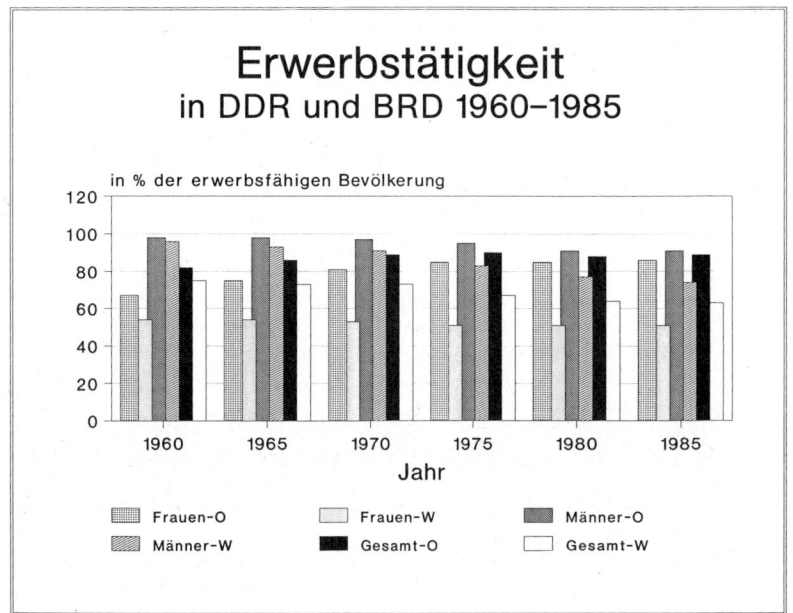

Quelle: Zahlenspiegel, S. 52

Die Konsolidierung der DDR in der Zeit des Kalten Krieges

Verbraucherpreise und Kaufkraft in der BRD und der DDR 1985   18

Waren bzw. Leistungsart	Mengeneinheit	Einzelhandelspreise, Miete (Jahresmitte 1985) in DM bzw. M	Zum Kauf erforderliche Arbeitszeit [1] Stunden : Minuten	
Nahrungs- und Genußmittel				
Mischbrot, dunkel	1 kg	2,99 / ,70	0:12	0:07
Weizenmehl, Typ W 405	1 kg	,79 / 1,—	0:03	0:11
Zucker, Raffinade	1 kg	1,72 / 1,59	0:07	0:17
Butter	1 kg	8,76 / 9,20	0:36	1:39
Delikateß-Margarine	1 kg	3,96 / 4,—	0:16	0:43
Eier, Klasse A 4	10 Stück	2,39 / 3,40	0:10	0:36
Trinkvollmilch, verpackt [9]	1 l	1,21 / 0,66	0:05	0:07
Käse, 40-45 % Fett i. Tr., Gouda	1 kg	12,80 / 9,60	0:52	1:43
Schweineschnitzel	1 kg	14,99 / 10,—	1:01	1:47
Mettwurst, Braunschweiger	1 kg	12,50 / 6,80	0:51	1:13
Makrele geräuchert	1 kg	8,90 / 3,44	0:36	0:37
Kartoffeln [10], abgepackt	5 kg	4,42 / 0,90	0:18	0:10
Wirsingkohl [11]	1 kg	1,65 / 1,—	0:07	0:11
Äpfel, inländisch, mittlerer Güte [11]	1 kg	2,15 / 1,40	0:09	0:15
Zitronen	1 kg	3,82 / 5,—	0:16	0:54
Vollmilch-Schokolade mit Nuss	100 g	0,89 / 3,85	0:04	0:41
Bohnenkaffee, mittlere Sorte	250 g	5,25 / 25,—	0:21	4:28
Bier, einf. Qualität	0,5 l	0,66 / 0,98	0:03	0:10
Deutscher Weinbrand, 38 %	0,7 l	13,99 / 30,—	0:57	5:21
Filterzigaretten, gängige Sorte	20 Stück	3,47 / 3,20	0:14	0:34
Mieten				
2 Zimmer-Neubau mit K, D, B, Zentralheizung. (Kaltmiete)	monatl.	390,— / 75,—	26:32	13:24

[9] Bundesrepublik Deutschland: 3,5 % Fettgehalt; DDR: 2,2 % Fettgehalt.
[10] Bundesrepublik Deutschland: Jahresdurchschnittspreis, Handelsklasse 1; DDR: Stand Oktober, Preis für Ost-Berlin.
[11] Saisonabhängiger Preis

Quellen: 2 (1986); 7 (Fachserie 17, Reihe 7); 55; Pressemeldungen; Berechnungen des DIW Berlin

Zahlenspiegel, S. 78

34 Die Konsolidierung der DDR in der Zeit des Kalten Krieges

19 Wirtschaft der DDR

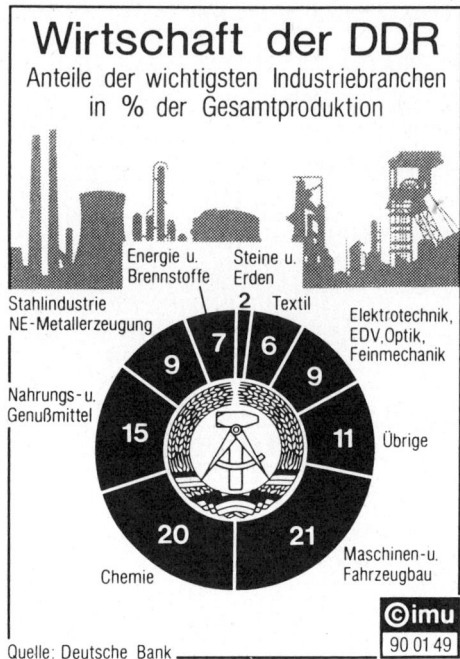

Quelle: Deutsche Bank

20 Wohlstandsgefälle

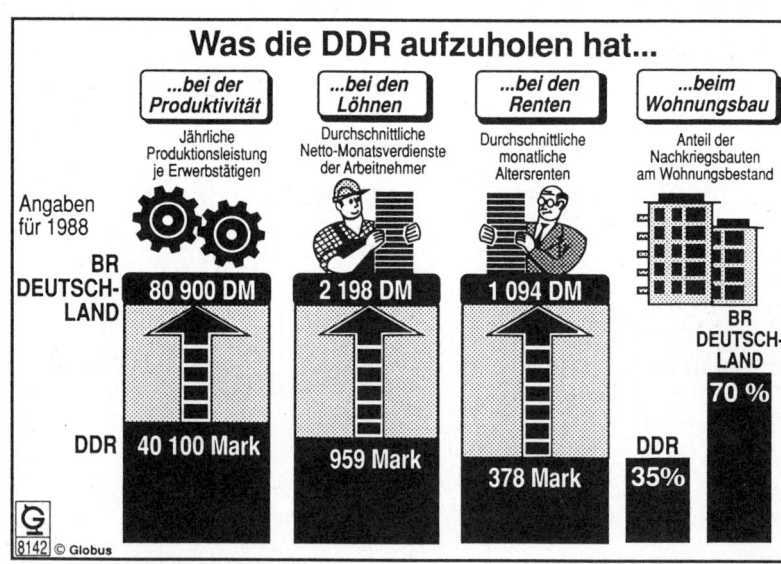

Deutsch-Deutsche Wanderungen 21

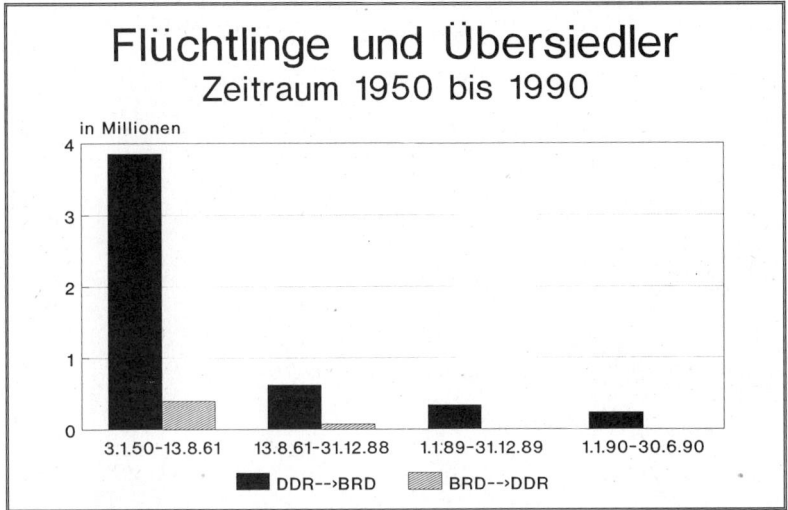

Nach: H. Wendt: Die deutsch-deutschen Wanderungen, in: Deutschland Archiv 24. Jg. (1991), H. 4, S. 386–395

„Niemand hat die Absicht, eine Mauer zu errichten." 22
DDR-Regierungschef Walter Ulbricht behauptete am 15. 6. 61 auf einer internationalen Pressekonferenz:

„Ich verstehe Ihre Frage so, daß es in Westdeutschland Menschen gibt, die wünschen, daß wir die Bauarbeiter der Hauptstadt der DDR dazu mobilisieren, eine Mauer aufzurichten. Mir ist nicht bekannt, daß eine solche Absicht besteht. Die Bauarbeiter unserer Hauptstadt beschäftigen sich hauptsächlich mit Wohnungsbau, und ihre Arbeitskraft wird dazu voll eingesetzt. Niemand hat die Absicht, eine Mauer zu errichten."

Zit. nach: Informationen zur politischen Bildung, Die DDR, Neudruck 1988, S. 6

Der Mauerbau aus Sicht der USA 23
US-Senator **Fulbright** äußerte am 30. Juli 1961 im amerikanischen Fernsehen:

„Die Wahrheit ist doch, und davon gehe ich aus, daß die Russen sowieso jederzeit die Grenze zumachen können. Ich meine, wir geben da nicht allzuviel auf ... denn wenn sie die Grenze abriegeln wollen, können sie das schon nächste Woche machen – und sogar, ohne vertragsbrüchig zu werden. Ich verstehe nicht, weshalb die Ostdeutschen ihre Grenze nicht schon längst zugemacht haben, denn ich glaube, sie haben jedes Recht dazu."

US-Präsident J. F. **Kennedy** sagte zu seinen Mitarbeitern, Chruschtschow habe einen Ausweg aus einer Zwangslage gesucht: „Keine besonders angenehme Lösung, aber eine Mauer ist verdammt noch mal besser als ein Krieg."

Beide Zitate: Der Spiegel, 52/1993, S. 54

24 Mauerbau 1961

Landesbildstelle Berlin

Aus einem DDR-Schulbuch 25

Besonders aggressiv traten die herrschenden Kreise in der BRD auf, die zu den wichtigsten Verbündeten der USA avanciert waren. Sie hielten unvermindert an dem Ziel fest, die DDR zu annektieren und den imperialistischen Machtbereich nach Osten auszudehnen. Gestützt auf ihr bedeutendes ökonomisches Potential und ihr zunehmendes Gewicht in der NATO, nahmen sie Kurs darauf, dieses Ziel in kurzer Frist zu erreichen (...) Um den „Tag X", den Tag des Sturzes der Arbeiter-und-Bauern-Macht, vorzubereiten, eskalierten die Monopole und die Regierung der BRD den Wirtschaftskrieg gegen die DDR. Im Herbst 1960 kündigte die BRD-Regierung die bestehenden Handelsvereinbarungen mit der DDR und rief andere Staaten auf, die Leipziger Messe zu boykottieren (...) Die wirtschaftlichen Repressalien waren begleitet von der antikommunistischen Hetze zahlreicher Massenmedien in der BRD und Westberlin, die oft bis ins Detail der faschistischen Greuelpropaganda gegen die ČSR und Polen unmittelbar vor dem Überfall auf diese Länder in den Jahren 1938 und 1939 glich. Sie zielte darauf, Unruhe und Verwirrung unter der Bevölkerung der DDR hervorzurufen und der Weltöffentlichkeit zu suggerieren, daß in der DDR ein „Volksaufstand" bevorstünde, den „der Westen" mit allen Mitteln unterstützen müsse (...) Mit der offen verkündeten Absicht, die DDR „auszubluten", wurde die Abwerbung von DDR-Bürgern, vor allem von Spezialisten und jungen Menschen, wesentlich intensiviert, das Netz der für diese Art Menschenhandel gebildeten, kriminellen, aber vom Staat geförderten Organisationen ausgebaut. Unter Ausnutzung der offenen Grenze zur DDR spielte dabei Westberlin die Rolle einer „Menschenschleuse".

All dies war verbunden mit der unmittelbaren Vorbereitung einer militärischen Aggression gegen die DDR. 1960/61 wurden in Stabs- und Truppenübungen der Bundeswehr verschiedene Varianten der „Blitzkriegsstrategie" und des „begrenzten Krieges" gegen die DDR und andere sozialistische Staaten geprobt. Einige Politiker und Kommentatoren ließen durchblicken, daß die Bundeswehr in die Lage kommen könne, den „innerdeutschen Konflikt", der wahrscheinlich durch Zusammenstöße an den Grenzen Westberlins ausgelöst werden würde, durch eine „lokale Polizeiaktion" zu bereinigen. Die Drohung mit dem Kernwaffenpotential der USA, so spekulierte man, werden die Sowjetunion vom Eingreifen abhalten.

Die verbündeten sozialistischen Staaten konnten dieser Entwicklung, die größte Gefahren für den Frieden heraufbeschwor, nicht tatenlos zusehen. Die Erfahrungen der Geschichte hatten gelehrt, daß dem Aggressor Einhalt geboten werden muß, bevor er eine Aggression ausgelöst hat. Die in der Organisation des Warschauer Vertrages vereinigten sozialistischen Armeen erhöhten deshalb ihre Verteidigungsbereitschaft. Vor allem war es notwendig, die Spannungen einzudämmen, die von Westberlin ausgingen, und die Gefahr abzuwenden, daß ein lokaler Konflikt an den Grenzen Westberlins zu

einer militärischen Konfrontation mit unabsehbaren Folgen führe (...)
In der Nacht vom 12. zum 13. August 1961 wurden die beschlossenen Maßnahmen schnell, präzis und für die imperialistischen Geheimdienste völlig überraschend durchgeführt. Einheiten der Nationalen Volksarmee, der Kampfgruppen der Arbeiterklasse, der Grenzpolizei und der Volkspolizei übernahmen in einer koordinierten Aktion mit den in der DDR stationierten sowjetischen Streitkräften den militärischen Schutz der Staatsgrenzen. Gemeinsam mit Arbeitern errichteten sie Befestigungen an der Grenze zu Westberlin, die in den folgenden Monaten ausgebaut wurden. Der Kriegsbrandherd Westberlin wurde unter Kontrolle genommen, die Staatsgrenzen der DDR, einschließlich ihrer Grenze zu Westberlin, zuverlässig gesichert.

Heinz Heitzer, DDR. Geschichtlicher Überblick. Dietz Verlag, Berlin (Ost) 1979, S. 142 ff.

26 Erinnerungen eines ehemaligen DDR-Lehrers an das Jahr 1961

In einem Gespräch mit seinem ehemaligen Schüler Jürgen Fuchs erinnert sich der Lehrer Gerhard Hieke an den Mauerbau und seine Wirkung in der DDR:

„Und in politischer Hinsicht, wie lief es da? Mauerbau, 11. Plenum usw.(...)? Du weißt vielleicht, daß alle Lehrer am Parteilehrjahr der SED teilnehmen mußten (...). Da und auch in anderen Versammlungen und Beratungen traten schon oft Leute von der Kreisleitung der SED auf, Sekretariatsmitglieder usw. Leute, die eigene Meinungen vertraten – zu denen gehörte ich entschieden –, gerieten nicht selten in heftige Debatten (...). *Es war wohl damals und auch später so, daß Direktoren nicht die direkten inoffiziellen Stasileute waren, sondern ganz offiziell Berichte zu liefern hatten, um eine gewisse Trennung zwischen der Schule und diesem besonderen ›Organ‹ vorzutäuschen. Und andere Personen fungierten als ›Sicherheitsbeauftragte‹.* (...)
Für mich kam Konfrontataion nicht ständig, sozusagen im Alltag, sondern immer wieder in besonderen Ereignissen, in zugespitzten Situationen zum Vorschein. Einige haben sich tief eingeprägt, etwa 1961, als ich gerade nach Reichenbach gekommen war. Ich war damals 25. Nach dem 13. August, also gleich zu Beginn des Schuljahres, wurden alle jungen Lehrer aufgerufen, sich freiwillig zu den **bewaffneten Organen,** das hieß ja wirklich so, zu melden. Für mich kam das nicht in Frage, in Diskussionen führte ich, was ich sonst nie tue, mein Asthma ins Feld. Da mußte ich mir sagen lassen, bewußte Sozialisten würden ganz andere Dinge vergessen, sogar einer mit nur einem Bein habe wenigstens seine Bereitschaft bekundet. Verpflichtung und Bekenntnis seien wichtig, das andere kläre dann schon die Partei. Der ich übrigens immer noch nicht angehörte.
Oder ich denke dran, daß wir in unseren Klassen die Unterschriften aller Schüler einholen sollten: Sendungen des Klassenfeindes würden sie weder hören noch sehen. Mich machte es sehr betroffen, daß meine guten Worte für drei Schüler, die nicht unterschreiben wollten, auf einige Ablehnung stießen.

Ich hatte gerade die Ehrlichkeit gelobt. In solchen Situationen spürte man sofort Bedrohung. Ansonsten war da eher der Verdacht, eine Ahnung, daß man zwar bestimmte Dinge besser nicht tut oder sagt, um Ärger zu vermeiden, aber so eng, wie heute manche sagen, waren die Grenzen nicht, es sei denn in einem selbst. Diese Grenzen zu erkennen war sehr wichtig. (...)
Immer dieses Weggehen – Schüler, Lehrer, Bekannte –, das kann einen krank machen. (...) Für mich ist das eine nicht aufgelöste Beziehung zur Diktatur, weil ich glaube, daß uns an dieser Stelle alle freiheitlich-demokratische Tradition gefehlt hat, Demokratie mit Freiheit, Freiwilligkeit, Wählen können.
Natürlich. Du mußt aber auch bedenken, daß meine Generation, daß ich, 1936 geboren, Demokratie, demokratische Strukturen nur aus der Literatur kannte. Als Junge fand ich manches toll und hatte es gar nicht kapiert; Geländespiele, Lagerfeuer, das Auftreten der etwas Älteren mit dem Fahrtenmesser usw., kein Begreifen von Gesellschaft ... Und 1945 dann war es vor allem die innere Abwehr gegenüber den allzu Wendigen. Neue Strukturen wuchsen, man konnte sie akzeptieren, man konnte sie ablehnen, aber **gestalten** konnte man sie ja wieder nicht. Demokratieerfahrung, Demokratieverständnis, Gefühl für Defizite in diesem Bereich – woher sollte das denn kommen? Da wuchs auch so eine Haltung: Ich habe gegrübelt, gesucht, jetzt weiß und will ich das Richtige; und nun zählen für mich vor allem die, die auch das Richtige wollen. Toleranz, Pluralismus und dergleichen, das gab es für mich durchaus: im kulturellen Bereich, im Weltanschaulichen. Aber kaum im Politischen."

Jürgen Fuchs / Gerhard Hieke: Dumm geschult? Ein Schüler und sein Lehrer, Berlin: Basis Druck Verlag 1992, S. 28 ff., 36 f.

2.3. SED-Bildungspolitik: der Griff nach den kommenden Generationen

Die Machthaber im „realexistierenden Sozialismus" hielten es von Anfang an für überlebenswichtig, die Menschen und insbesondere die Jugend der DDR für sich zu gewinnen. Deshalb nahmen sie ihnen viele alltägliche Lasten ab. Schon für die kleinsten Kinder waren beispielsweise ausreichend Krippen- und Kindergartenplätze vorhanden. Der Staat (= die Partei) plante, der Bürger führte den Plan aus – für fast alles übernahm die SED die Verantwortung. Preis für diese Bequemlichkeit: Entmündigung.
Das wird auch und gerade in Bereichen deutlich, die der Erziehung der heutigen und künftigen Staatsbürger dienten: in der Kultur, den Medien, den Schulen, den Universitäten. Die SED machte Presse, Rundfunk und Fernsehen inhaltliche und formale Vorgaben, leitete an, kontrollierte, zensierte, war allgegenwärtig – von der Durchsetzung aller Redaktionen mit Spitzeln bis zur direkten Telefonverbindung zwischen der jeweiligen örtlichen Parteizentrale und dem Schreibtisch des Chefredakteurs. Viele früher in der DDR entstandene Filme konnten die dann

ehemaligen DDR-Bürger erst nach der „Wende" sehen. In Schulen mußten Lehrer beispielsweise darauf achten, ob Kinder Figuren oder Begriffe aus westlichen Fernsehsendungen verwendeten – Hinweis darauf, daß in diesen Familien – verbotenerweise – „Westfernsehen" gesehen wurde. Dies konnte, je nach Region und Jahr, zu unterschiedlich schweren Sanktionen für Kinder und Eltern führen. Denn die DDR war auch dies: eine Erziehungsdiktatur.

So kam gerade den Kindergärten, Schulen und Universitäten eine besondere Bedeutung zu. Immerhin ging es hier darum, die künftigen Generationen zu gewinnen, explizit: um die „Entwicklung der Jugend zu sozialistischen Persönlichkeiten". So hilfreich für junge Mütter die Möglichkeit ist, selbst Kleinstkinder der Obhut des staatlichen Kindergartens anvertrauen und weiterhin berufstätig sein zu können, so willkommen mußte der Partei die Möglichkeit sein, die Kinder so früh und so lange wie möglich dem Einfluß der Eltern entziehen und in staatlichen Institutionen nach SED-Vorgaben kontrollierbar erziehen zu können.

Mit dem Lebensalter nahm dabei die inhaltliche und formale Führung zu. In der Schule ging es im Staatsbürgerkunde-Unterricht beispielsweise um die Vermittlung des Marxismus-Leninismus und seiner Weltsicht, ergänzt vom Geschichtsunterricht, in dem eine parteikonforme Sicht auf die deutsche und Weltgeschichte präsentiert wurde. Formal ging es von frühester Jugend an um das Antrainieren militärisch verwendbarer Tugenden. Der linientreue Parteisoldat war das Ziel dieser Erziehung, und so wurde schon von Kindesbeinen an auf Tugenden wie Disziplin, Ordnung, Sauberkeit, Pünktlichkeit besonderen Wert gelegt, begleitet von einer immer weiter ausgebauten paramilitärischen Erziehung: beginnend in den Kindergärten, fortgesetzt bei den Pionieren und der Freien Deutschen Jugend (FDJ) und in der Gesellschaft für Sport und Technik, seit 1978 im „Wehrkundeunterricht" der Klassen 9 und 10, im Militärdienst der Männer, in den paramilitärischen Übungen für Studentinnen.

Anleitung der Massenmedien in der DDR (ohne Betriebszeitungen, Zeitschriften und Wochenpresse) 27

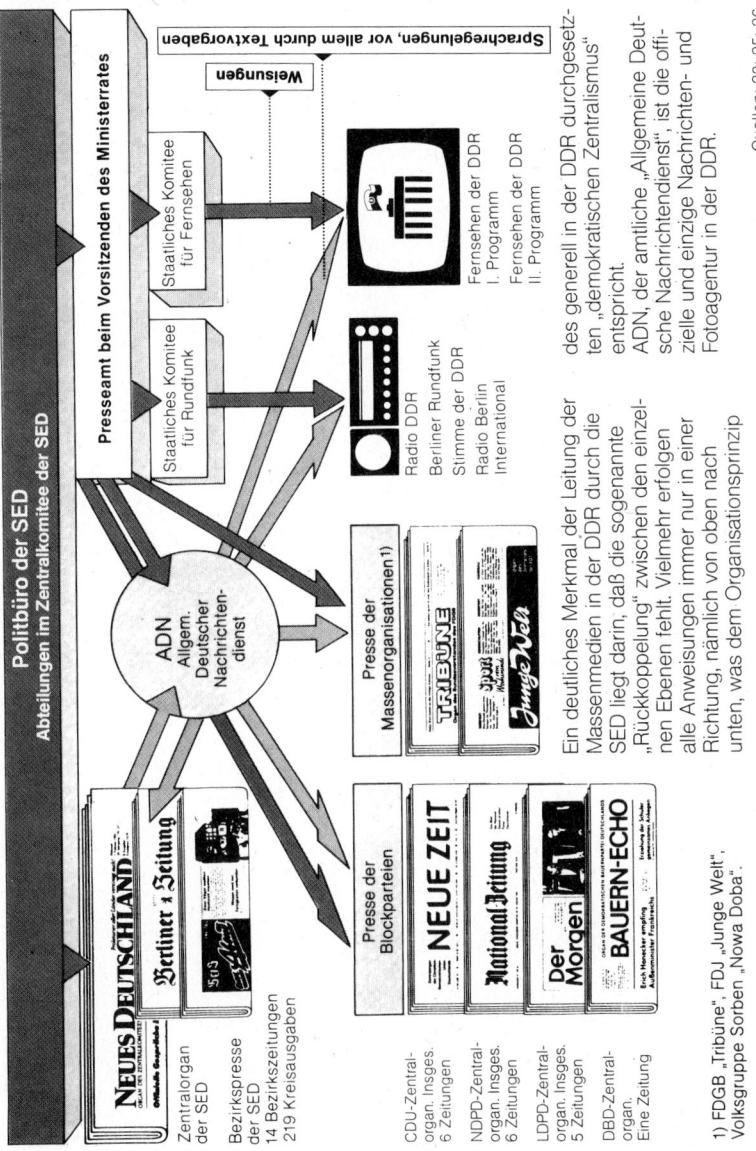

Zahlenspiegel, S. 26

28 Das Bildungssystem der DDR

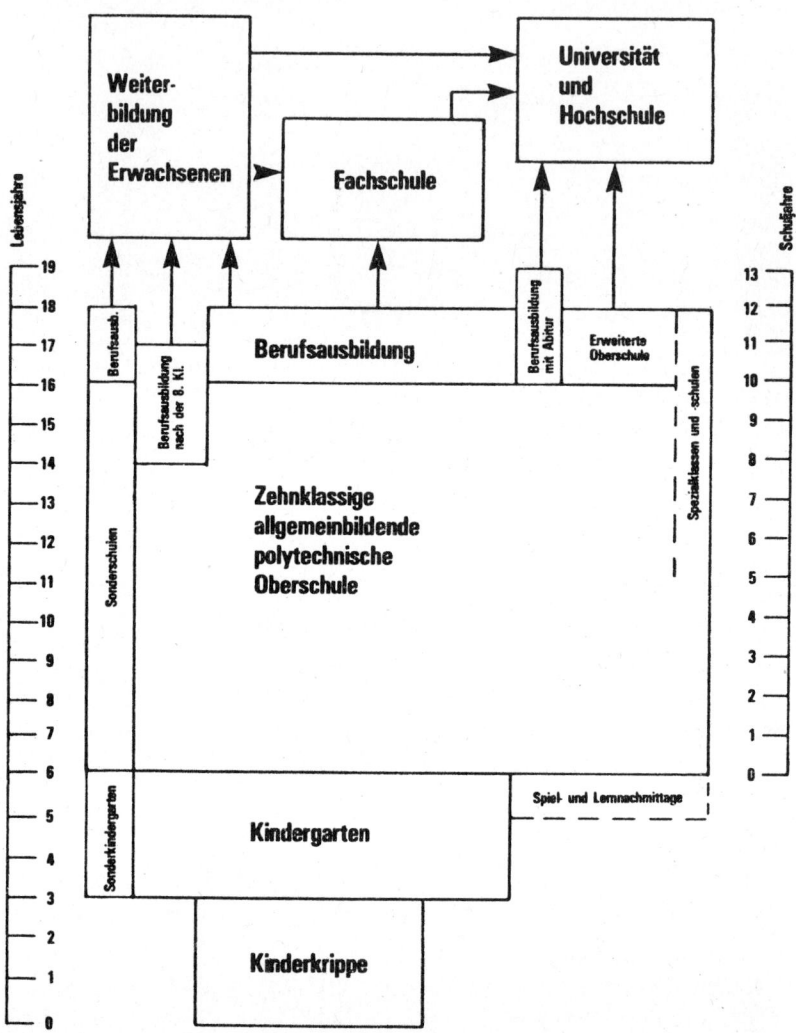

Wochenschau I, Nr. 1, Jan./Febr. 1986, S. 8

Die zehnklassige allgemeinbildende polytechnische Oberschule (POS) wird von allen Schülern in der DDR besucht; im Anschluß daran gehen die meisten direkt in die Berufsausbildung. Nur etwa acht Prozent der Schüler an der POS haben die Möglichkeit, für weitere zwei Jahre die Erweiterte Oberschule (EOS) zu besuchen, wo sie auf das Abitur vorbereitet werden und im Anschluß daran an der Universität oder Hochschule studieren

können. Ob ein Schüler die EOS besuchen darf, hängt von seinen Leistungen ab und davon, aus welcher sozialen Schicht er kommt: Arbeiter- und Bauernkinder werden bevorzugt. Außerdem spielt das „gesellschaftliche Engagement" eine Rolle. Schon bei der Zulassung zu den zum Abitur führenden Klassen wird berücksichtigt, wieviel Schüler eines Jahrgangs überhaupt studieren sollen.
Abiturklassen gibt es auch in Einrichtungen der Berufsbildung (z. B. Betriebs- und Berufsschulen); dort erhalten Schüler, die sich auf das Abitur vorbereiten, eine schulische und eine Facharbeiterausbildung.

Etwa acht Prozent eines Jahrgangs verlassen die POS nach der Klasse 8; Schüler z. B., die mehrfach das Klassenziel nicht erreichten und sitzenblieben. Ihre Berufsausbildung dauert drei Jahre. Die Zahl der Schüler, die die Schule vorzeitig verlassen, sinkt jedoch.
Im Anschluß an die Berufslehre bieten Fachschulen die Möglichkeit zur Weiterbildung, von wo aus später der Besuch einer Hochschule offensteht.

(Nach: Informationen zur politischen Bildung, Nr. 205, Die DDR. Hrsg.: Bundeszentrale für politische Bildung, Bonn 1984, S. 24; Grafik aus: Volksbildung im sozialistischen Staat, Panorama DDR, Berlin [Ost]/Dresden 1977, S. 63)

SED-Bildungsstrategie – Die Zielvorgaben 29

1982 legte die Akademie der Pädagogischen Wissenschaften der DDR unter dem Titel „Zwei Welten – Zwei Schulen" das Ergebnis einer vergleichenden Studie über die Bildungssysteme kapitalistischer Länder (vor allem der BRD) und dem fast einheitlichen Bildungssystem sozialistischer Länder (vor allem der DDR) vor. Diese Studie war der Öffentlichkeit – schon gar den DDR-Lesern – nicht zugänglich und fand nur SED-intern Verwendung. Sie offenbart – im parteitypischen Phrasen-Deutsch – in der Abgrenzung gegenüber der Vielfalt westlicher Schulmodelle die parteistrategischen Ziele, die die SED in ihre monolithischen Bildungspolitik umsetzte. Ungestört von Opposition oder Einspruch wurden diese Ziele praktische Politik. So nahm unter dem Diktat der SED der Versuch Gestalt an, Bildung und Erziehung, Schule und Familie einer ebenso rigiden und zentralistischen staatlichen Planung zu unterwerfen wie die übrigen gesellschaftlichen Bereiche.

„In den Ländern des sozialistischen Weltsystems messen die kommunistischen und Arbeiterparteien dem Bildungswesen einen hohen Stellenwert zu, vor allem
- bei der Vorbereitung eines hochqualifizierten Kaderbestandes und der Veränderung der qualitativen Zusammensetzung der Arbeiterklasse sowie 5 bei der Beseitigung sozialer Unterschiede in der Gesellschaft;
- im revolutionären Prozeß der Herausbildung von sozialistischem und kommunistischem Bewußtsein und Verhalten der Persönlichkeit;
- im Prozeß der Humanisierung der gesamten Lebensbeziehungen in der von Ausbeutung befreiten Gesellschaft. 10

Bei der Durchsetzung ihrer Bildungspolitik lassen sich die kommunistischen und Arbeiterparteien von grundlegenden schulpolitisch-pädagogischen Prinzipien leiten. In diesen Prinzipien finden die Gesetzmäßigkeiten der Entwicklung der Schule in der sozialistischen Gesellschaft ihren Ausdruck. Deshalb wird deren Allgemeingültigkeit für alle sozialistischen Länder in den 15 entsprechenden Dokumenten und Beschlüssen immer deutlicher sichtbar.

Das sind vor allem
- die Verbindung von Gesellschaft und Erziehung, von Schule und Leben;
- der Aufbau eines einheitlichen Bildungssystems, welches allen Mitgliedern der Gesellschaft gleiche Bildungsmöglichkeiten garantiert;
- eine einheitliche, wissenschaftliche Allgemeinbildung für alle Kinder und Jugendlichen;
- der Aufbau einer polytechnischen Arbeitsschule, in der Unterricht, produktive Arbeit und Gymnastik verbunden sind;
- die Einheit von Bildung und Erziehung;
- das Zusammenwirken der Schule mit der Familie, der Jugendorganisation und allen gesellschaftlichen Erziehungskräften;
- die enge Verbindung der Erziehung der Jugend mit der Politik der Partei und des sozialistischen Staates;
- die Erziehung zur aktiven Teilnahme am sozialistischen Aufbau und zur Verteidigung der Errungenschaften der sozialistischen Gesellschaft.
Diese Prinzipien wurden in unterschiedlichem Maße durch die Parteien entsprechend dem jeweils als objektiv notwendig Erkannten durchgesetzt, so daß auf lange Sicht in allen Ländern alle Prinzipien immer weiter durchgesetzt werden."

Aus: „Zwei Welten – Zwei Schulen". Pädagogische Strategien zu Beginn der achtziger Jahre. Ost-Berlin 1982: Akademie der Pädagogischen Wissenschaften der DDR, Arbeitsstelle Auslandspädagogik, S. 28 f.

30 Die gesetzlichen Vorgaben: DDR-Jugendgesetz, § 1

(1) Vorrangige Aufgabe bei der Gestaltung der entwickelten sozialistischen Gesellschaft ist es, alle jungen Menschen zu Staatsbürgern zu erziehen, die den Ideen des Sozialismus treu ergeben sind, als Patrioten und Internationalisten denken und handeln, den Sozialismus stärken und gegen alle Feinde zuverlässig schützen. Die Jugend trägt selbst hohe Verantwortung für ihre Entwicklung zu sozialistischen Persönlichkeiten.
(2) Aufgabe jedes Bürgers ist es, auf sozialistische Art zu arbeiten, zu lernen und zu leben, selbstlos und beharrlich zum Wohle seines sozialistischen Vaterlandes – der Deutschen Demokratischen Republik – zu handeln, den Freundschaftsbund mit der Sowjetunion und den anderen sozialistischen Bruderländern zu stärken und für die allseitige Zusammenarbeit der sozialistischen Staatengemeinschaft zu wirken. Es ist ehrenvolle Pflicht der Jugend, die revolutionären Traditionen der Arbeiterklasse und die Errungenschaften des Sozialismus zu achten und zu verteidigen, sich für Frieden und Völkerfreundschaft einzusetzen und antiimperialistische Solidarität zu üben. Alle jungen Menschen sollen sich durch sozialistische Arbeitseinstellung und solides Wissen und Können auszeichnen, hohe moralische und kulturelle Werte ihr eigen nennen und aktiv am gesellschaftlichen und politischen Leben, an der Leitung von Staat und Gesellschaft teilnehmen. Ihr Streben, sich den Marxismus-Leninismus, die wissenschaftliche Weltanschauung der

Arbeiterklasse, anzueignen und sich offensiv mit der imperialistischen Ideologie auseinanderzusetzen, wird allseitig gefördert. Die jungen Menschen sollen sich durch Eigenschaften wie Verantwortungsgefühl für sich und andere, Kollektivbewußtsein und Hilfsbereitschaft, Beharrlichkeit und Zielstrebigkeit, Ehrlichkeit und Bescheidenheit, Mut und Standhaftigkeit, Ausdauer und Disziplin, Achtung vor den Älteren, ihren Leistungen und Verdiensten sowie verantwortungsbewußtes Verhalten zum anderen Geschlecht auszeichnen. Sie sollen sich gesund und leistungsfähig halten."

Gesetz über das einheitliche sozialistische Bildungssystem der DDR: **31**
§ 5, Absatz 4

„Den Schülern, Lehrlingen und Studenten sind gründliche Kenntnisse des Marxismus-Leninismus zu vermitteln. Sie sollen die Entwicklungsgesetze der Natur, der Gesellschaft und des menschlichen Denkens erkennen und anzuwenden verstehen und feste sozialistische Überzeugungen gewinnen. So werden sie befähigt, den Sinn des Lebens in unserer Zeit zu begreifen, sozialistisch zu denken, zu fühlen und zu handeln und für die Überwindung von Widersprüchen und Schwierigkeiten bei der Lösung von Aufgaben zu kämpfen."

Zit. nach Wochenschau Nr.1/2, Ausg. Sek. I, 37. Jg. 1986, S. 4, S. 10

„Disziplin muß anerzogen werden."   **32**
Margot Honecker, Ehefrau von Staats- und Parteichef Erich Honecker und DDR-Volksbildungsministerin, erläutert die SED-Erziehungsziele. In der Berichterstattung über den VIII. Pädagogischen Kongreß waren die DDR-Journalisten jedoch nicht frei. Vielmehr mußten sie wie in anderen Bereichen auch Vorgaben der SED folgen, welches Thema wie und an welcher Stelle darzustellen ist.

„Wir sind für eine entschiedene, prinzipienfeste, planvolle und zielgerichtete Arbeit mit den Kindern und Jugendlichen. ›Uns geht es‹, so betonte Volksbildungsminister Margot Honecker auf dem VIII. Pädagogischen Kongreß, ›bei der Erziehung zur bewußten Disziplin um die Aneignung gesellschaftlicher Normen und Verhaltensweisen. Disziplinprobleme lassen sich nicht durch allgemeine Diskussion aus der Welt schaffen. Disziplin muß anerzogen werden. Das erfordert Ordnung in der Schule, verlangt im ganzen Schulkollektiv eine Atmosphäre bewußten Lernens, Arbeitens und Lebens zu schaffen, eine Atmosphäre, in der Disziplinlosigkeiten weder von Lehrern noch von Schülern selbst geduldet werden.
Es steht außer Frage, daß Disziplin im Unterricht die wichtigste Voraussetzung erfolgreichen Lernens ist. Störenfriede muß man zur Ruhe zwingen. Doch Ruhe muß nicht unbedingt Ausdruck disziplinierten Verhaltens sein. Wenn beispielsweise Schülern vor Müdigkeit die Augen zufallen, weil sie zu lange am Fernsehapparat sitzen durften, stören sie zwar nicht, aber ihre Lernhaltung ist alles andere als diszipliniert.

Diszipliniertes Verhalten zeigt sich in den alltäglichen, notwendigen Verrichtungen, und man muß sich dazu zwingen, wenn sie noch nicht zur Gewohnheit wurden. Ich muß pünktlich sein! Ich muß meine Schulutensilien zusam-
20 men und in Ordnung halten! Ich muß die Weisungen der Lehrer befolgen, die Beschlüsse des Kollektivs achten, kann nicht schweigend dulden, wenn andere die Regeln des Zusammenlebens verletzen. Das Notwendige tun, auch wenn man nicht aufgefordert oder beobachtet wird, ist eine kommunistische Charaktereigenschaft."

Aus dem Artikel: „Disziplin ist keine ›Dressurleistung‹" In: Berliner Zeitung, Berlin (Ost) Nr. 208 vom 3./4. 9. 1983

33 Beurteilung eines Schülers in einem DDR-Reifezeugnis
Abschrift eines Beispiels vom Anfang der achtziger Jahre

„Michael konnte seinen Leistungsstandard im Vergleich zum Vorjahr wesentlich verbessern. Er hat es in diesem Schuljahr besser verstanden, seine Arbeit zu planen und ist in seiner Arbeitsweise kontinuierlicher geworden. Sein Selbstvertrauen ist durch einen besseren Leistungsstandard gewachsen.
5 Michael ordnet sich gut in das Klassenkollektiv ein. Er hat zu seinen Mitschülern im allgemeinen ein gutes Verhältnis. Er muß es jedoch noch lernen, in manchen Situationen beherrschter aufzutreten, um sein Ansehen zu wahren. Michael hat als Agitator der Klasse eine gute gesellschaftliche Arbeit geleistet. Auch seine Vorbereitung und seine Mitwirkung am Fest der russischen
10 Sprache müssen hervorgehoben werden. Michael hat das FDJ-Studienjahr einer 9. Klasse mit gestaltet und konnte hier für seine geleistete Arbeit gelobt werden. An den Arbeitseinsätzen der Klasse zugunsten der Solidaraktion unserer Schule nahm Michael teil. Michael zeigte in politischen Diskussionen ein parteiliches Auftreten. Er muß sich aber auch weiterhin bemühen,
15 seine Informationen zu vertiefen, um noch überzeugender vom Marxismus-Leninismus ausgehend argumentieren zu können. In der wissenschaftlich-praktischen Arbeit wurde besonders seine Einsatzbereitschaft hervorgehoben."

Zit. nach Wochenschau Nr. 1/2, Ausg. Sek. I, 37. Jg. 1986, S. 18

34 Stabü = Staatsbürgerkunde
Durch dieses Fach reichte der Arm der SED-Agitations- und -Propaganda-Abteilungen bis in die Schule. Nicht Wissen oder Mündigkeit waren die Erziehungsziele, sondern das gläubige Bekenntnis zur Parteilinie. Die meisten schwammen im Strom mit, um nicht durch „abweichendes Verhalten" ihre (Schul-)Karrieren zu gefährden.

„Die neuen Lehrpläne in Staatsbürgerkunde fordern für die Klassen sieben bis zehn, grundlegendes Wissen über unsere Gesellschaft, den sozialistischen Staat und die Verfassung der DDR anschaulich und überzeugend zu vermitteln. Jeder Schüler soll erkennen, daß sich ein alter Traum deutscher

Kommunisten erfüllte, wenn er heute in Frieden und sozialer Sicherheit lebt. Das Werk der Eltern und Großeltern will fortgeführt, Errungenes geschützt und weiter vervollkommnet werden. Das ist die Aufgabe der jungen Generation. Vom Lehrer hängt es ab, wie gut die Schüler diese Zusammenhänge verstehen und inwieweit sie sich mit Wort und Tat bekennen, heute in der Schule, morgen im Berufsalltag.
Staatsbürgerkunde ist immer dienstags, leider nur eine Stunde lang. (...) Thema dieser Stunde: ›Rechte und Pflichten eines Staatsbürgers in der DDR‹. Ingo wird gebeten, einen Artikel aus der Verfassung vorzutragen: Jeder Bürger hat das Recht und die Pflicht, das Leben in seinem Land mitzubestimmen.
Was bedeutet das für ihn? Zum Beispiel, sagt Ingo, kann er wie jeder andere hier zur Schule gehen. Eine Lehrstelle ist ihm sicher. Die FDJ-Leitung fragt ihn immer wieder nach seinen Vorschlägen fürs Gruppenleben, und sie ist der Klasse rechenschaftspflichtig. Das findet er gut so, denn abseits stehen will er nicht."

Neue Berliner Illustrierte (Ost-Berlin) Nr. 20/1985, S. 10

Ein Lehrer erinnert sich: Schule in der DDR der 50er und 60er Jahre

„Ich denke, das muß man sehr differenziert betrachten, voreilige Verallgemeinerungen gibt es schon genug. Ich selbst hatte Glück: Ich studierte in Leipzig, mit Freunden, und vor allem bei Lehrern, die gewiß nicht die DDR Ende der 50er Jahre repräsentierten. Bloch, Mayer, Dornseiff u. a. waren noch geduldet, weil sie international bedeutende Persönlichkeiten waren. Deshalb und auch auf Grund ihrer antifaschistischen Vergangenheit wurden sie nur allmählich und mit einiger Vorsicht angegangen. (...) Viele pädagogische Hochschulen und Institute aber, die ja in dieser Zeit an Bedeutung und Umfang stark zunahmen, waren bestimmt ein ganz anderer Nährboden für künftige Lehrer. Dort lehrte eine andere Generation, Leute mit anderem Hintergrund, oft schon mit Parteikarrieren, DDR-Gewächse, keine Europäer wie die Genannten. Dort verdrängte Verschulung der Ausbildung den Gedanken der universitas literarum – das heißt, eigentlich war da gar nichts zu verdrängen. In vielen Wissenschaften, natürlich vor allem die geisteswissenschaftlichen Bereiche, zog ein erschreckender Provinzialismus ein. Ich lernte viele Kollegen kennen, Abgänger von Potsdam, PH Leipzig, Erfurt, Zwickau etc., die ganz auf Linientreue ausgerichtet waren, denen vielleicht von vornherein auch deutlicher bewußt war, wie eng der Spielraum ist, den man als Lehrer hat. (...) Und was ich in zahllosen Veranstaltungen des Parteilehrjahrs über 30 Jahre hinweg an philosophischer Un- und Halbbildung erlebt habe, nicht zuletzt bei Referenten und Lehrern, die ja das Wort Philosophie immer im Munde führten, das hat schon mit unserem Abgleiten in finsteren Provinzialismus zu tun. (...)
(...) *du hattest an der Universität noch Kontinuität deutscher Kultur erlebt, euro-*

päische Tradition. *Wie konntest du (...) so aggressiv über diesen anderen Staat urteilen?*
Sicher schwer zu begreifen, nicht nur für dich. Sicher hat es auch mit Literatur zu tun, mit meiner zuzeiten übersteigerten Brecht-Begeisterung, mit gewissen linksradikalen Tendenzen. Aufsparen bestimmter kultureller Traditionen für die Zeit, wenn politische **Grundfragen** geklärt sein werden. Auch die Reklamation von Tradition für **uns** war im Spiele – Humanismus und Revolution. Brechts: ›... doch die Verhältnisse, sie sind nicht so.‹ Die Priorität veränderter Verhältnisse also. (...) Ich sammelte durchaus Fakten, wenn auch selektiv, beeinflußt von meinem Weltbild. Unterm Strich bleibt trotzdem: Ich glaubte, das Wesen der BRD begriffen zu haben – und kannte sie einfach nicht, wußte vieles nicht. (...) Weißt du, als wir uns kennenlernten, heute auch noch übrigens, mußte ich eins im Unterricht immer loswerden, weil es mich nicht losläßt: Daß nämlich SS-Offiziere, wie der Heydrich in Prag etwa, ihren Goethe gut kannten, ›Edel sei der Mensch...‹, Beethoven selbst spielten; aber Kenntnis des Humanismus macht nicht automatisch human. Und so spielte die Idee des antifaschistischen Staates für mich eine so große Rolle. Außerdem: Als Student und junger Lehrer erlebte ich zu Beginn jedes Studien- oder Schuljahres, daß plötzlich wieder jemand fehlte, Kommilitonen, Schüler, Kollegen. Und – bitter zu sagen – ich **wollte** ihnen keine Träne nachweinen; ich sah es immer als eine Flucht nach rückwärts, auch als Weglaufen vor der großen Aufgabe, endlich die neue Gesellschaft zu gestalten. Schon im Studium waren es oft gerade die, die dir eben noch gesagt hatten: Das hast du toll gesagt, habe Mut, halte durch. Und dann kam die Karte aus Westberlin. Meine Haltung damals: Wer den Mut zu radikalen Änderungen hier nicht aufbringt, geht nach dort. So begriff ich die BRD als interessantes ökonomisches Phänomen, mit dem ich mich beschäftigte, als Heimat bedeutender Leute, die ich las und schätzte; aber ich hatte keine innere Beziehung zu diesem Land. Heute schüttle ich den Kopf oder lache darüber, damals war es so."

Jürgen Fuchs/Gerhard Hieke: Dumm geschult? Ein Schüler und sein Lehrer, Berlin: Basis Druck Verlag: 1992, S. 30–35

36 Jugendweihe

Die Teilnahme an der Jugendweihe galt zwar offiziell als freiwillig und sollte mit den Kirchenpflichten (Konfirmation, Kommunion) vereinbar sein, wurde aber von der atheistischen, die Existenz Gottes verneinenden Weltanschauung des Marxismus-Leninismus geprägt. In zehn Jugendweihestunden im 8. Schuljahr wurden die Teilnehmer auf die Jugendweihe vorbereitet, in deren Mittelpunkt ein feierliches Gelöbnis stand. Die Jugendweihe wurde seit 1956 in das Familienstammbuch eingetragen. An ihr nahmen 95 Prozent aller DDR-Jugendlichen im 8. Schuljahr teil, d. h. die Jugendweihe hatte Konfirmation und Kommunion fast vollständig ersetzt.

Gelöbnis der Jugendweihe
„Liebe junge Freunde, seid ihr bereit, als junge Bürger unserer Deutschen

Demokratischen Republik mit uns gemeinsam, treu der Verfassung, für die
große edle Sache des Sozialismus zu arbeiten und zu kämpfen und das revolutionäre Erbe des Volkes in Ehren zu halten, so antwortet: ›Ja, das geloben
wir.‹
›Ja, das geloben wir.‹
›Seid ihr bereit, als treue Söhne und Töchter unseres Arbeiter- und Bauern-
Staates nach hoher Bildung und Kultur zu streben, Meister eures Faches zu
werden, unentwegt zu lernen und all euer Wissen und Können für die Verwirklichung unserer großen humanistischen Ideale einzusetzen, so antwortet: Ja, das geloben wir.‹
›Ja, das geloben wir.‹
›Seid ihr bereit, als würdige Mitglieder der sozialistischen Gemeinschaft stets
in kameradschaftlicher Zusammenarbeit, gegenseitiger Achtung und Hilfe zu
handeln und euren Weg zum persönlichen Glück immer mit dem Kampf für
das Glück des Volkes zu vereinen, so antwortet: Ja, das geloben wir.‹
›Ja, das geloben wir.‹
›Seid ihr bereit, als Patrioten die feste Freundschaft mit der Sowjetunion weiter zu vertiefen, den Bruderbund mit den sozialistischen Ländern zu stärken,
im Geiste des proletarischen Internationalismus zu kämpfen, den Frieden zu
schützen und gegen den Angriff zu verteidigen, so antwortet: Ja, das geloben
wir.‹
›Ja, das geloben wir.‹"

Zeitlupe 15, hrsg. von der Bundeszentrale für politische Bildung, Bonn 1984, S. 9

„Von der Wiege bis zur Bahre" 37
In welchem Ausmaß der DDR-Staat den Lebensweg seiner „Landeskinder" plant
und organisiert, beschreibt Jutta Wilhelmi in ihrem Buch über „Jugend in der
DDR":

„Jugend in der DDR ist sozusagen von Kindesbeinen an ›organisiert‹. Schon
im Kindergarten werden die Kinder auf ihre Mitgliedschaft bei den Jungen
Pionieren vorbereitet, die dann bei Eintritt in die Schule durch ein feierliches
Gelöbnis bekräftigt wird. Blaues Halstuch und Pionierabzeichen sind die
äußeren Zeichen der Mitgliedschaft. Jede Schule in der DDR hat ihre ›Pionierfreundschaft‹, die sich aus den Pioniergruppen in den einzelnen Klassen
zusammensetzt. Ein hauptamtlicher Funktionär ist ›Freundschaftsleiter‹.
Freundschaftsleiter sind pädagogisch geschulte Fachkräfte. Sie arbeiten in
den Schulen eng mit dem Lehrerkollegium zusammen (...). Die Pioniere
einer Klasse bilden die ›Pioniergruppe‹.
Die Pioniere sind Teil der Freien Deutschen Jugend, arbeiten aber relativ
selbständig mit Kindern ab dem 6. Lebensjahr bis zum 14. oder 15. Lebensjahr. Die Pionierorganisation ›Ernst Thälmann‹ ist also der Kinderverband
der FDJ. (...) Ziel ihrer Jugendarbeit ist es, ihre Mitglieder – und dies sind
98% aller 6- bis 14jährigen – zu ›jungen Sozialisten‹ zu erziehen. Dies
geschieht durch vielfältige Aktivitäten, also etwa durch besondere Aufgaben,

die gemeinsam gelöst werden sollen, durch sogenannte Pionierobjekte in den Schulen, Betrieben oder auch im Wohngebiet. (...) Der Übergang vom Pionierstatus in den eines Mitglieds der FDJ geht nahtlos vor sich. (...) FDJ-
20 Gruppen der höheren Klassen übernehmen zu diesem Zweck Patenschaften in den unteren Klassen und bereiten damit den Wechsel vor. Die FDJ ist nach dem ›Produktionsprinzip‹ organisiert, das heißt ihre Grundeinheiten sind zum Beispiel Schule, Hochschule und Betrieb oder auch Armee. (...) Nahezu 100 Prozent der Schüler ab dem 14. Lebensjahr, Lehrlinge und Studenten sind
25 Mitglieder der FDJ. Niedriger ist der Organisationsgrad bei den jungen ›Werktätigen‹, wobei es noch Unterschiede gibt in der Beteiligung in Stadt und Land, Jungen und Mädchen. (...)"

Jutta Wilhelmi, Jugend in der DDR. Der Weg zur sozialistischen Persönlichkeit, Berlin 1983, S. 18 f., 24 f.

38 Wehrerziehung bei den Pionieren und in der FDJ
Sozialistische Wehrerziehung ist laut ›Kleinem Politischem Wörterbuch der DDR‹ „wichtiger Bestandteil der klassenmäßigen sozialistischen Erziehung und Bildung". Sie wurde zunehmend zu einem integralen Bestandteil sozialistischer Erziehung und setzte schon im Kindergarten ein, wobei mit zunehmendem Alter der Kinder aus dem spielerischen Beginn paramilitärischer Ernst wurde. Auszüge aus einer Studie der Bonner Friedrich-Ebert-Stiftung über die Wehrerziehung in der DDR:

„Die Pioniere werden systematisch in die Wehrerziehung einbezogen. Zu den üblichen Pionieraktivitäten gehören Kompaß- und Kartenkunde, (...) Geländespiele mit eigener Orientierung im Gelände, Tarnung, Zeltbau, Erster Hilfe finden alljährlich statt. In speziellen Arbeitsgruppen werden
5 Anfangsgründe des Nachrichtenwesens gelehrt. Freiwillige Gruppen befassen sich mit dem Schießsport, wobei dies bei den Jüngsten mit Pfeil und Bogen, zum Teil mit der Armbrust beginnt, während die älteren Pioniere bereits das Luftgewehr benutzen. Eine gewisse Formalausbildung – Marschieren, Grüßen, Stillgestanden, Rührt Euch, Antreten zum Appell und dergleichen – findet ebenfalls statt. (...)
10 Das, was bei den Pionieren noch mehr als Spiel ablief, wird hier (bei der FDJ, A.G.) auf Basis von (vorausgesetztem) höheren Bewußtsein fortgeführt, wobei schon sehr konkrete Leistungsanforderungen an die Jugendlichen gestellt werden. Für den Kreis ihrer fünfzehn- und sechzehnjährigen Mitglieder trägt die FDJ die Hauptverantwortung für die Wehrerziehung, während
15 vom sechzehnten Lebensjahr an bis zur Einberufung zum Wehrdienst (bei Jungen) oder bis zum Abschluß der Berufsausbildung (bei Mädchen) die Gesellschaft für Sport und Technik (GST) die Verantwortung auf diesem Gebiet übernimmt."

Friedrich-Ebert-Stiftung (Hg.), Wehrpropaganda und Wehrerziehung in der DDR, Bonn 1982, S. 29 f.

„An der Seite des Soldaten" – Ausschnitte aus einer wehrpolitischen Jugendbroschüre

„Ein vorbildlicher Soldatenspind! Diese Ordnung ist notwendig, damit man beim Alarm und im Dunkeln sofort seine Sachen findet, so erläuterte hier ein Unteroffizier im ‚Klub der jungen Freunde der Soldaten'. (...)"

„Manchmal, so zum 1. März, sind auch im Spielzimmer Soldaten zu Besuch. Dann lernt man nicht nur mit dem ferngesteuerten Panzer die selbstgebaute Hindernisbahn fachgerecht zu überwinden, sondern erfährt noch Interessantes über dieses Gefechtsfahrzeug und über den Dienst unserer Panzersoldaten."

"‚Gestrichen Korn', ‚links unten anhalten', ‚Fahrkarte' – für die ‚jungen Schützen' sind das bekannte Begriffe. In ihrer Arbeitsgemeinschaft erlernen sie die Grundlagen des Schießens mit dem Luftgewehr. Vielleicht macht dieser oder jener hier seinen ersten Schritt zur Schützenschnur der NVA."

„Ihrem Vorbild ‚Siggi' Jähn eifern die Mitglieder des Kosmonautenzentrums des Pionierpalastes nach. Offiziere der NVA geben ihnen Hinweise für das sportliche Training am Rhönrad und anderes mehr. Vielleicht wird der eine oder andere Thälmannpionier später einmal Flugzeugführer?"

25 Jahre NVA, hrsg. vom Ministerium für Nationale Verteidigung, Berlin: Militärverlag der DDR (VEB) 1980, S. 8 f.

Brandenburgisches Verlagshaus, Berlin

„Paramilitärischer Drill im DDR-Frauenlager" 40
Eine Studentin erzählt 1983:

„Studentinnen in der DDR müssen, so verlangen es die Studienordnung und die Gesetze über die Zivilverteidigung, eine mehrwöchige paramilitärische Ausbildung in einem Lager absolvieren. Wer sich vor dem Drill drückt, wird exmatrikuliert. Eine Studentin im vierten Semester hat über ihre Lagerzeit heimlich Tagebuch geführt:
›Abfahrt aus B. (...) Am Bahnhof in Z. werden wir in Busse geladen und zum Lager gefahren. Nach dem Mittagessen werden Bettwäsche, Uniformen und Schutzausrüstung (...) ausgegeben. (...) Die Stimmung der Frauen ist unterschiedlich. Einige scheinen es gar nicht erwarten zu können, daß es richtig losgeht. Ich fühle mich unsicher.
Schon zum Abendbrot müssen wir in Uniform erscheinen. Sie ist wie eine fremde Haut. (....) Abends gehe ich zum ersten Mal hinunter an den See und schreie, schreie mich frei. (...) Um sechs Uhr Wecken. 20 Minuten Frühstück, Waschen, kurzer Appell, danach Abmarsch zum Frühsport. Vormittags hatten wir immer fünf Unterrichtsstunden zu je 45 Minuten. Nachmittags vier Stunden. (...) Die Ausbildung begann mit Exerzieren. Drei Stunden liefen wir in praller Sonne auf und ab. Danach mußte das Lager zu einem Eröffnungsappell antreten. Alleinbestreiter war ein Major der Nationalen Volksarmee (NVA) (...). Man erklärte auch, daß wir von heute an den Vorgesetzten, das heißt vom Gruppenführer aufwärts, die Ehrenbezeigung erweisen müßten. (...) Für viele bedeutete das absolute Erniedrigung, und viele versuchten, sich diesem Zwang so oft wie möglich zu entziehen.
Danach wurden wir von unseren Vorgesetzten belehrt. Meist war es eine Aufzählung von Verboten und teilweise irrsinnigen Dienstvorschriften: Zum Beispiel: ›Meine Damen, das Essen ist Teil Ihres Dienstes...‹ (...) Letztlich sollte jede selbständige Entscheidung von vornherein abgebremst werden. (...) Die Vorgesetzten unserer Abteilung, die aus drei Zügen zu je 45 Mädchen bestand, waren ein Zugführer, ein Innendienstleiter und ein Abteilungskommandeur – alle Dozenten der Universität und Männer. (...) Trotzdem standen auch die wenigen ›Ausnahmen‹ unter den Ausbildern grundsätzlich hinter der ganzen Sache, versuchten uns zu überzeugen, daß es notwendig sei, ›Disziplin‹ zu halten und zu lernen, sich der Masse unterzuordnen, das heißt, auch mal gegen seinen Willen zu handeln. Viele Ausbilder tranken regelmäßig, um den Druck zu kompensieren. (...) Der Unterricht verlor nach und nach diesen noch sportlichen Charakter, später spielte er sich fast nur noch auf der Hindernisbahn ab: Gleiten, Balancierbalken, Graben, Eskaladierwand, Seilhangeln, Handgranatenweitwurf. Zuerst durften wir noch in Sportkleidung rennen, später mußten wir mit Helm und aufgesetzter Schutzmaske, am Schluß mit Trage laufen. (...) Anders war es bei ›Vorlesungen‹ im Speisesaal, an denen manchmal das ganze Lager teilnehmen mußte. Sie wurden nicht selten von uns unbekannten Leuten gehalten. Einer war ein Physik-Dozent von der Humboldt-Universität. (...) Eine seiner Vorlesungen

hielt er über die Militärstrategie der SED. Als ihre Hauptziele nannte er, ›einen Krieg zu verhindern‹ und ›den Aggressor, das heißt den Imperialismus, vernichtend zu schlagen‹.
Solche Phrasen, wie sich ›gegen den Imperialismus schützen‹, waren an der Tagesordnung. Auf die Frage, wie sich denn militärisches Gleichgewicht mit der Aussicht auf einen Sieg vereinbaren lasse und welche seiner Argumente denn ernst gemeint seien und welche bloß als Verschleierung der Tatsachen, reagierte er vollkommen hilflos. (...) In den ersten ›Vorlesungen‹ wurden noch Fragen gestellt, man hörte sogar noch hin. Doch das verlor sich bald. Man las, schrieb Briefe oder schlief. Die Zeit wollte überhaupt nicht vergehen angesichts der ständigen Wiederholungen, der Sinnlosigkeit aller Themen."

Aus: Der Spiegel 38/1983, S. 93 ff.

41 **Wirkung der Wehrerziehung**
Ein in die Bundesrepublik übergesiedelter Elektrofacharbeiter berichtete 1984:

„Bei den Kindern kommt die Wehrpropaganda sehr gut an. Die Kinder werden in sogenannte Pateneinheiten (der NVA, A.G.) gebracht. Sie dürfen dann auch mal einen Panzer anfassen usw. In diesen Pateneinheiten werden regelmäßige Besuche abgestattet, dann bekommen die Kinder von den Soldaten auch Bonbons, man kann merken, wie unwahrscheinlich begeistert die Kinder sind. Aber etwa ab dem 9./10. Schuljahr würde ich sagen, liegt die Begei-

42 **Wehrerziehung auf dem Jugendfestival der FDJ in Ost-Berlin 1984**

Jürgens Ost u. Europa-Photo, Berlin

sterung mehr im sportlichen Bereich. Sie fangen dann schon an, sich leicht zu distanzieren. Man will dann also schneller über die Sturmbahn kommen oder schneller, besser andere Übungen absolvieren, man hat aber weniger die politischen Dinge im Kopf. Kommt man dann ins Studenten- oder Lehrlingsalter, ist eine starke Abneigung vorhanden. Das trifft zumindest für zwei von dreien zu."

Wolfgang Henrich/Gottfried Linn, Die sozialistische Wehrerziehung in der DDR. Bonn 1984, S. 223

2.4. Der Unterdrückungsapparat

Gestützt auf die militärische Macht der UdSSR als dem Garanten seiner Herrschaft trieb Walter Ulbricht, 1. Sekretär der SED, die weitere Zentralisierung aller gesellschaftlichen Lebensbereiche voran, die – ob Politik, Wirtschaft oder Kultur – einer straffen staatlichen (also parteilichen) Kontrolle unterworfen wurden. Die Kontrolle erfolgte zum einen direkt über personelle Verflechtungen oder parteinahe Aufsichtsorgane, zum anderen indirekt durch das Ministerium für Staatssicherheit (MfS) und dessen offizielle und inoffizielle Mitarbeiter (IM). Von dieser Kontrolle war auch das private Leben der DDR-Bürger nicht ausgenommen, das in die staatlich-parteiliche Gesamtplanung miteinbezogen wurde. So hatte beispielsweise jeder DDR-Jugendliche nach Artikel 25, Absatz 4 der DDR-Verfassung zwar das „Recht", aber auch die „Pflicht, einen Beruf zu erlernen (...)". Die Partei konnte je nach individuellem Wohlverhalten und Bedarf sehr stark in die persönliche Lebensplanung eingreifen, für bestimmte Personen Ausbildungsgänge vorschreiben, verbieten oder abbrechen. Und das individuelle Wohlverhalten am Arbeitsplatz und am Feierabend wurde – neben den offiziellen Kontrollorganen wie Polizei und Gemeindeverwaltungen – unter anderem auch durch das flächendeckend wuchernde Spitzelsystem des MfS ermittelt.
Das Partei-Dogma „Die Partei hat immer recht" legitimierte den eindimensionalen Staat: „Im sozialistischen Staat existiert für eine Opposition keine objektive, soziale und politische Grundlage, denn die Arbeiterklasse – im Bündnis mit allen anderen Werktätigen – ist die machtausübende Klasse und zugleich Hauptproduktivkraft der Gesellschaft, deren Grundinteresse mit denen der anderen Klassen und Schichten prinzipiell übereinstimmt."[1] SED-Logik: Es gibt nur eine einzige Partei der Arbeiterklasse – die SED. Das Grundinteresse der Arbeiterklasse – und die Politik ihrer Partei, der SED – stimmt mit den Interessen aller Klassen und Schichten „prinzipiell" überein. Ergo: Opposition gegen die SED-Politik ist Opposition gegen die Interessen aller DDR-Bürger, also mindestens überflüssig, wenn nicht gar krankhaft oder kriminell. Wer nun noch opponiert, macht sich verdächtig als Feind des Staates, begeht „Staatsfeindliche Hetze".
Das Dilemma jeder Diktatur: Offene Kritik wurde bestraft – also hielten die meisten den Mund. Da die Partei aber wußte, daß ihre Arbeit längst nicht so erfolgreich war, wie sie in der eigenen SED-Propaganda dargestellt wurde, mußte sie dennoch mit Kritik und Kritikern rechnen. Wer nicht offen kritisierte, war deswe-

gen noch längst nicht mit Sicherheit ein zufriedener Bürger, sondern vielleicht nur ein heimlicher Oppositioneller – die Logik des Obrigkeitsstaates. Deshalb muß zur Unterdrückung von offener Kritik die verdeckte Überwachung aller Bürger treten – Geburtsstunde des Ministeriums für Staatssicherheit (MfS).

[1] Kleines Politisches Wörterbuch der DDR, Dietz Verlag: Berlin (Ost), 4. Aufl. 1983, S. 695

43 „Staatsfeindliche Hetze" – § 106 Strafgesetzbuch der DDR in der Fassung von 1979

„Wer die verfassungsmäßigen Grundlagen der sozialistischen Staats- und Gesellschaftsordnung der DDR angreift oder gegen sie aufwiegelt, indem er 1. die gesellschaftlichen Verhältnisse, Repräsentanten oder andere Bürger der DDR wegen deren staatlicher oder gesellschaftlicher Tätigkeit diskriminiert;
5 2. Schriften, Gegenstände oder Symbole zur Diskriminierung der gesellschaftlichen Verhältnisse, von Repräsentanten oder anderen Bürgern herstellt, einführt, verbreitet oder anbringt; 3. die Freundschafts- und Bündnisbeziehungen der DDR diskriminiert, (...) wird mit Freiheitsstrafen von 1 bis zu 8 Jahren bestraft." Ebenfalls strafbar „Staatsfeindliche Gruppenbildung"
10 (§ 107 StGB).

Informationen zur politischen Bildung 205, Die DDR, Neudruck, Bonn 1988, S. 32 f.

44 Disziplinierung und Überwachung der DDR-Bürger – und die Folgen

Der DDR wurde von Moskau der „staatlich-administrative Sozialismus" aufgezwungen, das in den 30er Jahren in der UdSSR etablierte und seither kaum veränderte System der Herrschaft einer Partei- und Staatsbürokratie. Die wesentlichsten Disziplinierungsmittel: Massenrepressalien, Angst. Der politische Terror wurde seit dem Tode Stalins 1953 in der UdSSR und im Ostblock stark reduziert, die bestehenden politischen Herrschaftsstrukturen aber im wesentlichen beibehalten – auch in der DDR.

Hans-Joachim Maaz, 1943 geboren, ist seit 1980 Chefarzt der psychotherapeutischen Klinik im Evangelischen Diakoniewerk Halle. Gegen die Tabus des SED-Staates kämpfte er für psychoanalytische und körperorientierte Therapieformen in der DDR. Er beschreibt, wie sich die kommunistischen Parteien im „staatlich-administrativen Sozialismus" an die Macht bringen und dort halten konnten:

„Das entscheidende Wirkungsprinzip des ›real existierenden Sozialismus‹ war Gewalt: Es gab die direkte offene Gewalt durch Mord, Folter, Schießbefehl, Inhaftierung und Ausbürgerung, und es gab die indirekte Gewalt durch Rechtsunsicherheit, Repressalien, Drohungen, Beschämungen, durch Indok-
5 trination und durch ein System von Nötigung, Einschüchterung und Angst. Mit ›demokratischer Zentralismus‹ war ein gnadenlos autoritäres Herrschaftssystem verharmlosend umschrieben, das als ständige Einbahnstraße nur von oben nach unten Maßnahmen und Entscheidungen ›durchstellte‹. In

der Gegenrichtung lief gar nichts. Die Parole ›Plane mit, arbeite mit, regiere mit!‹ war der blanke Hohn, denn jede Initiative von unten blieb nicht nur ohne sinnvollen Effekt, sondern hat den eigenständig Mitdenkenden und Handelnden fast automatisch zum Provokateur, Unruhestifter, ›Weltverbesserer‹ (konnte ein Einzelner denn bessere Erkenntnisse haben als die Partei?) gestempelt."

Hans Joachim Maaz: Gefühlsstau. Ein Psychogramm der DDR. Berlin: Argon 1991, S. 13
Zum „staatlich-administrative Sozialismus" vgl. A. Butenko: Über die revolutionäre Umgestaltung des staatlich-administrativen Sozialismus. In: Es gibt keine Alternative zur Perestroika, Glasnost, Demokratie, Sozialismus, hrsg. von Juri Afanassjew, Nördlingen: GRENO Verlagsgesellschaft 1988, S. 640–649

45

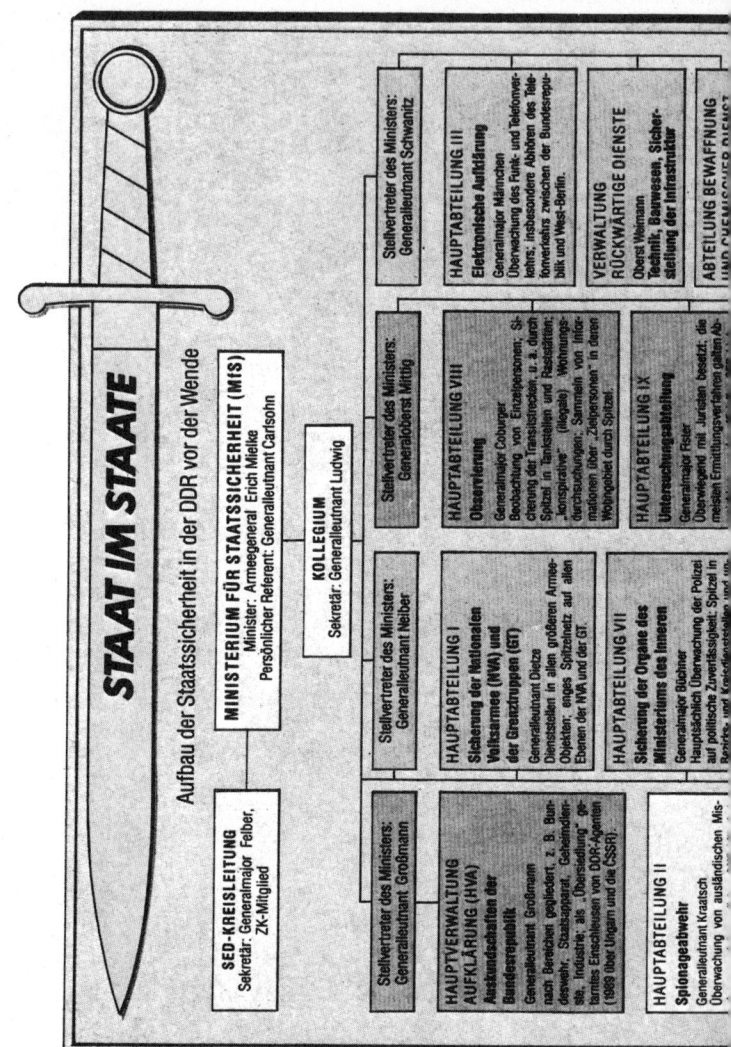

Der Spiegel, 6/1990, S. 54

Die Konsolidierung der DDR in der Zeit des Kalten Krieges

ABTEILUNG M
Überwachung des Postverkehrs
Oberst Strobel
Zugriff auf alle Postsendungen; Öffnen der Briefe, Kopieren und Speichern „relevanter Texte".

HAUPTABTEILUNG PS
Personen- und Objektschutz
Generalmajor Wolf
„Persönliche Begleiter" der SED-Führer; alle in Wandlitz tätigen Personen waren Mitarbeiter der Abteilung PS; mit: Wachregiment „Feliks Dzierzynski"

ZENTRALE KOORDI-NIERUNGSGRUPPE (ZKG)
Bearbeitung der Anträge auf Übersiedlung
Generalmajor Niebling
Ausforschen der Antragsteller, Suche nach Gründen einer Ablehnung.

ZENTRALE AUSWERTUNGS- UND INFORMATIONS-GRUPPE (ZA/G)
Analyse und Auswertung
Generalleutnant Irmler
Zusammengefaßte Berichte für die SED-Führung.

ARBEITSGRUPPE MINISTER
Sonderaufgaben für Mielke
Generalmajor Geißler

HAUPTABTEILUNG XVIII
Sicherung der Volkswirtschaft
Generalleutnant Kleine
Kontrolle aller Kombinate, Betriebe, landwirtschaftlicher Einrichtungen und der Akademie der Wissenschaft; Genehmigung von Auslandsdienstreisen; Einstufung von DDR-Bürgern zu „Geheimnisträgern"; Spitzeleinsatz.

ZENTRALOPERATIVER STAB
Einsatzplanung für Großveranstaltungen
Oberst Sommer

BEREICH KOMMERZIELLE KOORDINATION (BKK)
Oberst Meisel

ABTEILUNG 32
Operativ-technischer Sektor
Generalmajor Schmidt

ZENTRALER MEDIZINISCHER DIENST
Generalmajor Klein

HAUPTABTEILUNG KADER UND SCHULUNG
Innere Sicherheit
Generalmajor Möller
MfS-Mitarbeiter-Überprüfung.

ABTEILUNG XIV
Untersuchungshaftanstalten des MfS
Oberst Rataick

HAUPTABTEILUNG XX
Bekämpfung der „politisch-ideologischen Diversion" (PID) und „politischer Untergrund-Tätigkeiten" (PuT)
Generalleutnant Kienberg
Bereiche: Kirche, Jugend, Volksbildung, Staatsapparat, Gesundheitswesen, Kulturpolitik, Sport; Einschleusen von Spitzeln in die „Untergrundszene", in oppositionelle Gruppen und Bewegungen.

ABTEILUNG XXII
Terrorismusbekämpfung
Oberst Franz

ABTEILUNG XVII
Passierscheinbüros/West-Berlin
Oberst Janßen

HAUPTABTEILUNG XIX
Sicherung des Verkehrswesens
Generalmajor Braun
Diensteinsatz und Spitzeleinsatz bei der Deutschen Reichsbahn, bei Interflug und im grenzüberschreitenden Kraftverkehr (Lkw); Spezialeinheiten zur Terrorabwehr.

ABTEILUNG 26
Überwachung des DDR-Telefon- und Fernmeldesystems
Generalmajor Leber

ABTEILUNG NACHRICHTENTECHNIK

Spitzel: „Inoffizielle Mitarbeiter" (IM) und „Offiziere im besonderen Einsatz" (ObE)

HAUPTABTEILUNG VI
Sicherung und Kontrolle der Grenze
Generalmajor Fiedler
Paßkontrolleinheiten an allen Grenzübergängen; Spitzel und Abhöranlagen in von Ausländern bevorzugten DDR-Hotels; Spitzel in Reisegruppen von DDR-Bürgern.

ABTEILUNG X
Generalmajor Damm
Verbindungsstelle zu den Geheimdiensten der sozialistischen Bruderländer.

ABTEILUNG XI
Sicherung des Chiffrier- und Nachrichtenwesens
Generalmajor Birke
Sicherheitsüberprüfung aller im Bereich Funk- und Fernschreibverkehr tätigen DDR-Bürger.

ABTEILUNG XII
Zentrale Kartei
Oberst Roth
Jede Person, an der eine MfS-Abteilung Interesse hat, wird zunächst in dieser Kartei erfaßt — noch vor operativen Maßnahmen. Datensammlung; Auskünfte an die MfS-Abteilungen.

ZENTRALE PERSONEN-DATENBANK
Computerisierte Datensammlung, parallel zur Aktenablage bei Abteilung XII.

3. Die deutsche Teilung wird zum Normalfall

Chronik: Deutschland und die internationalen Beziehungen 1969 bis 1978

1969 In Moskau schlagen die Botschafter der drei Westmächte der sowjet. Regierung Gespräche über die Verbesserung der Beziehungen zwischen beiden deutschen Staaten sowie die Lage innerhalb Berlins und auf den Zufahrtswegen nach Berlin vor (6./7.8.69). Der Vorschlag wird am 16.12.69 ohne Erfolg wiederholt.

Wende in der Ostpolitik: Bildung der sozialliberalen SPD/FDP-Koalition unter Bundeskanzler **Willy Brandt,** der sich zu gleichberechtigten Verhandlungen mit der DDR bereiterklärt. Aber auch für ihn kommt eine völkerrechtliche Anerkennung der DDR nicht in Betracht (BRD und DDR seien „zwei Staaten einer Nation"). Brandt bietet im Gegenzug zur Besserung des bilateralen Verhältnisses Gespräche über Gewaltverzichtserklärungen an.

Ev. Landeskirchen der DDR lösen sich auf Druck der SED aus gesamtdeutscher Kirchenorganisation EKD.
Ulbricht bietet Aufnahme gleichberechtigter Beziehungen als Gegenleistung für die völkerrechtliche Anerkennung der DDR an, was die Bundesregierung jedoch ablehnt.

1970 Vertrag über Normalisierung der Beziehungen zwischen der BRD und der UdSSR sowie Warschauer Vertrag (deutsch-polnischer Vertrag) über Gewaltverzicht, Verzicht auf Gebietsansprüche, Unverletzlichkeit heutiger Grenzen, Fortbestand bisher abgeschlossener zwei- und mehrseitiger Verträge. „Deutsche Einheit" bleibt Fernziel. Rechte der Vier-Mächte für Deutschland als Ganzes bleiben unberührt.

Auf Vorschlag von Bundeskanzler **Willy Brandt** am 19.3.70 historisches 1. **Treffen mit** dem Vorsitzenden des DDR-Ministerrates, **Willi Stoph,** in Erfurt und im Mai in Kassel. Nächster Schritt der Annäherung: Egon Bahr (SPD) und Michael Kohl, Staatssekretär beim DDR-Ministerrat, nehmen ihren Meinungsaustausch auf (27.11.).

Ulbricht bestreitet in Briefwechsel erstmals Fortexistenz einer gemeinsamen deutschen Nation. Treffen Brandt/Stoph: Die DDR lehnt weiterhin Rechtsstandpunkt der Bundesregierung ab, DDR und BRD seien „füreinander nicht Ausland" und es könne daher nur Beziehungen „besonderer Art" geben.

1971 Viermächteabkommen über Berlin (3.9.71): Bestätigung der Rechte der Vier Mächte; Garantie des zivilen Berlin-Verkehrs durch UdSSR; Zusicherung von Erleichterungen; Bestätigung der Bindungen zwischen BRD und Berlin-West, ohne daß dieses als Teil der BRD gilt; Beschluß über Erleichterungen für Westberliner bei Besuchen in Berlin-Ost und der DDR; Bestätigung des Rechtes der Bundesregierung, Berlin-West in internationale Abkommen einzubeziehen.

Transit-Abkommen zwischen der BRD und der DDR zur Regelng des sicheren und zügigen Reiseverkehrs von und nach Berlin (West) unterzeichnet.

Erich **Honecker** löst Ulbricht (gest. 1973) im Amt des Ersten Sekretärs der SED ab. SED schließt sich wieder eng an die UdSSR an.

1972 **Unterzeichnung der SALT I-Verträge** am 26. 5. 72: USA und UdSSR vereinbaren Höchstgrenzen für strategische Nuklearraketen. In Helsinki beginnen Vorgespräche fast aller europäischen Staaten zu einer Konferenz über Sicherheit und Zusammenarbeit in Europa (**KSZE**) (22.11.72)

Der Bundestag beschließt parallel zu den Ostverträgen Grundsätze der Deutschland- und Außenpolitik: Bekräftigung des Gewaltverzichts; keine einseitige Grenzveränderung, Recht auf Selbstbestimmung, weitere Geltung des Deutschlandvertrages, alliierte Verantwortung für Berlin und Gesamtdeutschland bleibt erhalten. Ostverträge stünden nicht im Gegensatz zum Streben nach friedlicher Wiederherstellung der deutschen Einheit im europäischen Rahmen. Bekenntnis zur NATO.

„Vertrag über die Grundlagen der Beziehungen zwischen der BRD und der DDR" (**Grundlagenvertrag**, 21.12.) in Ost-Berlin unterzeichnet. Anlage: „Brief zur deutschen Einheit", in dem die Bundesregierung feststellt: deutsche Frage bleibt offen, völkerrechtliche Anerkennung der DDR als Ausland wird abgelehnt. Die Frage der Staatsangehörigkeit wird nicht geregelt.

1973 Abkommen über Entwicklung der wirtschaftlichen, technischen und industriellen Zusammenarbeit sowie Kulturabkommen zwischen UdSSR und BRD. In Wien beginnen MBFR-Verhandlungen zwischen Nato- und Warschauer-Pakt-Staaten über beiderseitige **Truppenreduzierungen in Europa**.

Bundesverfassungsgericht bestätigt den von Bayern angefochtenen Grundlagenvertrag. Staatliche Einheit bleibt weiterhin verbindliches politisches Ziel. Aufnahme der BRD in die UNO.

Korrespondenten der ARD, des ZDF und verschiedener Zeitungen werden in der DDR zugelassen. „Ständige Vertretungen" beider Länder werden in Ost-Berlin und Bonn eingerichtet. Aufnahme der DDR in die UNO.

1974 EG-Länder beschließen: Zusammenarbeit im Europäischen Rat, Direktwahl des Europäischen Parlaments.

Guillaume-Affäre: Willy Brandt tritt zurück, als sein enger Mitarbeiter G. Guillaume als DDR-Spion enttarnt wird. **Neuer Bundeskanzler: Helmut Schmidt** (SPD). Die BRD erhöht den „Swing" (zinsloser Überziehungskredit der DDR im innerdeutschen Handel) auf 850 Mio. DM.

Aus „Mark der Deutschen Notenbank" wird „Mark der DDR". Verfassungsänderung: Verzicht auf den Begriff der deutschen Nation und auf die Wiedervereinigung zugunsten unwiderruflicher Verbindung mit der UdSSR. Nationalitätskennzeichen von DDR-Fahrzeugen nicht mehr D, sondern DDR.

1975 In Notenwechsel bestreitet die UdSSR den Anspruch der Westmächte auf Kontrollrechte und Verantwortung auch für Berlin-Ost. **Unterzeichnung der KSZE-Schlußakte in Helsinki** als Absichtserklärung über einen von allen anerkannten politisch-moralischen Verhaltenskodex zu Fragen der Sicherheit in Europa, der Wirtschaft, Wissenschaft und Technik sowie der Umwelt und in humanitären und anderen Fragen (Korb III).

Bundesverfassungsgerichtsurteil: Ostverträge nehmen Friedensvertrag nicht vorweg und berühren den territorialen Status Deutschlands nicht. Bonn finanziert die Erneuerung der Transit-Autobahn Berlin-Helmstedt und erhöht die Transit-Pauschalzahlungen.

DDR unterzeichnet in Helsinki Schlußakte der Konferenz für Sicherheit und Zusammenarbeit (KSZE) und erkennt damit auch in „Korb 3" Gültigkeit der Menschenrechte an – wichtige Basis für die Arbeit von Bürgerrechts-Gruppen.

1976 „**Eurokommunismus**": Reformbestrebungen in einigen westeuropäischen kommunistischen Parteien (Italien, Spanien, Frankreich) für größere Unabhängigkeit von Moskau und für mehr innerparteiliche Demokratie. Sowohl nationale Parteiapparate als auch der Ostblock reagieren unnachgiebig und mit Härte.

Bonn protestiert gegen den Schußwaffengebrauch von DDR-Grenzern an der innerdeutschen Grenze; Unterzeichnung eines Post- und Fernmeldeabkommens mit der DDR. Ausbürgerung des kritischen DDR-Liedermachers Wolf **Biermann** während einer Konzert-Reise durch die BRD (16.11.76).

SED tilgt alle gesamtdeutschen Bezüge aus Programm und Statut. E. Honecker wird „Generalsekretär", zudem Vorsitzender von Staatsrat und Nationalem Verteidigungsrat und konzentriert damit alle wichtigen Machtbefugnisse in seiner Person. Selbstverbrennung des ev. Pfarrers **Brüsewitz** in Zeitz als Protest gegen staatliche Bevormundung. Protestwelle gegen die Ausbürgerung von W. **Biermann**.

1978 Der sowjetische Staats- und Parteichef **Breschnew** sowie US-Präsident Jimmy **Carter** besuchen die BRD.

Erfolgreicher Abschluß von Verhandlungen mit der DDR über Verkehrsfragen (Autobahn Berlin-Hamburg; Wiedereröffnung des Teltow-Kanals).	Verurteilung Rudolf Bahros wegen seines Buches „Die Alternative"; Einführung des Wehrkundeunterrichts (Klasse 9 und 10).

Zwar gab es verschiedene Rückschläge bei der Normalisierung der deutsch-deutschen Beziehungen – nach dem Einmarsch sowjetischer Truppen in Afghanistan am 27.12.79 sagte Bundeskanzler Schmidt beispielsweise ein geplantes Treffen mit Erich Honecker ab. Zwar sorgten die Komitees für Menschenrechte oder einzelne prominente Kritiker im Ostblock immer wieder für Schlagzeilen. Die politische Weltöffentlichkeit und die BRD aber schienen sich 30 Jahre nach Kriegsende mit der dauerhaften Teilung der Welt in Ost und West und der Teilung Deutschlands in DDR und BRD abgefunden zu haben.

Es schien überfällig, das Verhältnis zwischen beiden deutschen Staaten auch ganz offiziell vertraglich zu normalisieren, da die Supermächte schon längst die Grabenstellungen des kalten Krieges verlassen hatten, und – trotz aller Rückschläge – am Verhandlungstisch über die Begrenzung ihrer nuklearen Vernichtungspotentiale sprachen. Schließlich vollzog die sozialliberale Koalition unter Willy Brandt den Wechsel in der Ostpolitik der BRD.

Im Grundlagenvertrag von 1972 wurden die Beziehungen zwischen beiden deutschen Staaten pragmatisch auf eine stabile Grundlage gestellt. Die Vertragsunterzeichnung ermöglichte **beiden** deutschen Staaten die UNO-Mitgliedschaft und damit die volle Rückkehr auf das Parkett der internationalen Politik.

Die DDR war ihrem Ziel - volle völkerrechtliche Anerkennung des eigenen Staates – ein Stück näher gekommen. Folgerichtig hatte die DDR die Verfassung geändert und die Begriffe „Wiedervereinigung" und „deutsche Nation" gestrichen. Anders die Bundesregierung. Dabei war Ostpolitik von Anfang an ein „doppelbödiges Spiel" mit Hintergedanken und Formelkompromissen. Egon Bahr als Architekt der sozialliberalen Ostpolitik hatte – in Anlehnung an ein Kennedy-Wort – die seither gültige Formel geprägt: „Wandel durch Annäherung". Der Grundlagenvertrag diente als staatsrechtliche Brücke zwischen Ost- und Westdeutschland, überbrückte auch Unvereinbares, etwa die unterschiedlichen Auffassungen zur nationalen Frage. Ob es eine deutsche Nation oder deren zwei gebe, blieb im Streit bis zum Mauerfall. Zwar wurde die DDR-Staatsbürgerschaft von der BRD respektiert – DDR-Bürgern wurde etwa beim Aufenthalt in der Bundesrepublik kein westdeutscher Paß aufgezwungen. Aber sie wurde nie – wie von der DDR gefordert – völkerrechtlich anerkannt (vergleiche: Der Spiegel 8/1994, S. 24).

Die meisten Bundesbürger berührte diese Frage allerdings nicht besonders. Sie unterlagen der Macht des Faktischen – angesichts des bestehenden Patts zwischen den Supermächten und der damit scheinbar unabwendbaren Fortdauer einer geteilten, bi-polaren Welt lag es nahe, sich in das Unabänderliche zu fügen und das Beste aus der Teilung zu machen: sie für die Menschen erträglicher zu machen. So konnten weder die Guillaume-Affäre 1974 noch die 1979 in beiden

Teilen Deutschlands – jeweils mit anderen Vorzeichen – heftig geführte Debatte um die Stationierung von Mittelstreckenraketen in Deutschland noch der Einmarsch von sowjetischen Truppen in Afghanistan Ende 1979 und auch nicht der Regierungswechsel von der sozialliberalen Koalition Helmut Schmidts zur konservativ-liberalen Koalition Helmut Kohls (1982) den Prozeß der „Normalisierung" im Verhältnis beider deutscher Staaten dauerhaft verlangsamen oder gar gefährden.
Parallel zu dieser Normalisierung verschwand in den 70er und 80er Jahren für immer mehr Bundesbürger die Welt jenseits des „Eisernen Vorhanges" in einem immer dichter werdenden Nebel aus Unkenntnis und Desinteresse. Waren hochrangige deutsch-deutsche Begegnungen anfangs noch Sensationen, wurden Besuche von westdeutschen Politikern in Ostberlin und – seltener – von Abgesandten der DDR in Bonn fast zur Routine. 1987 besuchte mit Erich Honecker erstmals ein Generalsekretär der SED die Bundesrepublik. Es schien nur noch eine Frage der Zeit bis zur vollen Anerkennung der DDR.

46 Aus der Regierungserklärung von Willy Brandt 1969

„Aufgabe der praktischen Politik in den jetzt vor uns liegenden Jahren ist es, die Einheit der Nation dadurch zu wahren, daß das Verhältnis zwischen den Teilen Deutschlands aus der gegenwärtigen Verkrampfung gelöst wird. Die Deutschen sind nicht nur durch ihre Sprache und ihre Geschichte – mit ihrem
5 Glanz und ihrem Elend – verbunden, wir sind alle in Deutschland zu Hause. Wir haben auch noch gemeinsame Aufgaben und gemeinsame Verantwortung: für den Frieden unter uns und in Europa.
20 Jahre nach Gründung der Bundesrepublik Deutschland und der DDR müssen wir ein weiteres Auseinanderleben der deutschen Nation verhindern,
10 also versuchen, über ein geregeltes Nebeneinander zu einem Miteinander zu kommen (...)
Auch wenn zwei Staaten in Deutschland existieren, sind sie doch füreinander nicht Ausland; ihre Beziehungen zueinander können nur von besonderer Art sein."

Willy Brandt, Regierungserklärung vor dem Deutschen Bundestag am 28. Oktober 1969, Bonn 1969, S. 5 f.

47 Theo Sommer, Publizist, 1969 über Deutschland: „Geteilt, aber nicht getrennt"

„In den vierziger Jahren des zwanzigsten Jahrhunderts haben die Deutschen ihre nationale Einheit verspielt – vielleicht, wer weiß, nicht das abstrakte Recht darauf, aber in jedem Falle und auf lange Sicht die äußeren und inneren Bedingungen, unter denen sie allein möglich wäre. In den fünfziger Jahren
5 bezahlten die Deutschen den Preis für den von ihnen angezettelten und verlorenen Zweiten Weltkrieg. Sie merkten es nicht gleich, denn im Laufe des Kalten Krieges, der bald nach 1945 zwischen den Mächten der gegnerischen Kriegskoalition ausgebrochen war, avancierten Westdeutsche und Ostdeut-

sche auf verschiedenen Seiten zu Gastsiegern. Unversehens sahen sie sich aus dem Stande des Verlierers in den Rang der Verbündeten erhoben. (...) Der Kalte Krieg gestattete es der Bundesrepublik obendrein, sich unbekümmert um die Hypothek von 1945 einen neuen Rechtsstandpunkt zuzulegen: einen Anspruch auf Wiedervereinigung. Mit der Anerkennung dieses Rechtsstandpunktes erhandelten sich die Westmächte Bonns Bundesgenossenschaft im Konflikt mit dem Osten; dabei stellten sie die Durchsetzung dieses Standpunktes mit Hilfe einer ›Politik der Stärke‹ in Aussicht. In den sechziger Jahren zerstoben diese Illusionen. Nach dem Schock des Berliner Mauerbaus vom August 1961 setzte sich bei den Deutschen, beiderlei Deutschen, allmählich die Einsicht in die Unabänderlichkeit der Teilung durch. Die Ostdeutschen begannen, sich mit dem SED-Regime abzufinden, sich mit ihm zu arrangieren; nach und nach fanden sich auch die Westdeutschen dazu bereit. In der Bundesrepublik gewann die Erkenntnis Boden, daß angesichts der Machtlage mit einem noch so schönen Rechtsstandpunkt nichts anzufangen sei, und in einem nach Osten hineinwirkenden Sinne auch nichts mit der Politik der Stärke; daß die Teilung Deutschlands keine vorübergehende Erscheinung ist, sondern eine geschichtliche Gegebenheit, mit deren Dauerhaftigkeit gerechnet werden muß; daß der Kalte Krieg die Gegensätze zwischen den beiden Deutschland nur verhärten kann. Aus diesen Erkenntnissen wuchsen langsam die Umrisse einer neuen Politik. Sie war nicht länger auf die Nichtzurkenntnisnahme der DDR angelegt, sondern ging von der faktischen Anerkennung der deutschen Zweistaatlichkeit aus. An die Stelle der alten Anschlußforderung rückte nun der Versuch eines zwischendeutschen Ausgleichs.

Was dürfen die Deutschen unter diesen Umständen von den siebziger Jahren erhoffen? Worauf müssen sie gefaßt, wozu bereit sein? Niemand freilich, der sich einen klaren Sinn für das realpolitisch Mögliche bewahrt hat, wird die Wahrscheinlichkeit einer Wiedervereinigung in überschaubarer Zukunft sehr hoch veranschlagen. Es fruchtet nichts, die Illusionen der fünfziger Jahre nun in die siebziger Jahre zu verpflanzen. Die Wunder, die damals ausgeblieben sind, werden auch jetzt nicht eintreten. Die Wiedervereinigung wird auch im besten Falle eine Sache von Jahrzehnten sein, nicht von Jahren. Einheit der Deutschen ist nicht gleichberechtigt mit Einheitsstaat der Deutschen. Es gibt andere Formen des Zusammmenlebens und Zusammenwirkens. Sie zu definieren und für die praktische Politik parat zu halten, wird in den nächsten Jahren die vordringlichste Aufgabe der Bonner Politik sein. Diese Politik muß ungeniert davon ausgehen, daß die Wiedervereinigug fürs erste bestimmt nicht und möglicherweise überhaupt nicht mehr stattfindet, daß aber die Beendigung des innerdeutschen Kalten Krieges möglich sein sollte. Auf absehbare Zeit bedeutet Deutschlandpolitik also Politik der Nichtwiedervereinigung. Das heißt: Die Überwindung der Gegensätze hat Vorrang vor der Überwindung der Teilung, die Wiederverbindung beider Volksteile vor der Wiederzusammenführung ihrer Gebiete, der Wandel im Menschlichen vor

Veränderungen im Politischen. (...) Wo die Teilung schon nicht überwindbar ist, muß sie wenigstens verwindbar werden."

Aus: Theo Sommer, Geteilt, aber nicht getrennt, In: Das 198. Jahrzehnt. Eine Team-Prognose für 1970–1980. Hrsg. von C. Grosser u. a., Hamburg: Wegner 1969, S. 237 ff.

48 Der „Grundlagenvertrag" vom 21.12.1972

„Die Hohen Vertragschließenden Seiten, eingedenk ihrer Verantwortung für die Erhaltung des Friedens, in dem Bestreben, einen Beitrag zur Entspannung und Sicherheit in Europa zu leisten, (...) geleitet von dem Wunsch, zum Wohle der Menschen in den beiden deutschen Staaten die Voraus-
5 setzungen für die Zusammenarbeit zwischen der Bundesrepublik Deutschland und der Deutschen Demokratischen Republik zu treffen, sind (...) übereingekommen:

Artikel 1 Die Bundesrepublik Deutschland und die Deutsche Demokratische Republik entwickeln normale gutnachbarliche Beziehungen
10 zueinander auf der Grundlage der Gleichberechtigung.

Artikel 2 (Die beiden Vertragspartner, A.G.) werden sich von den Zielen und Prinzipien leiten lassen, die in der Charta der Vereinten Nationen niedergelegt sind (...)

Artikel 3 Entsprechend der Charta der Vereinten Nationen werden die Bun-
15 desrepublik Deutschland und die Deutsche Demokratische Republik ihre Streitfragen ausschließlich mit friedlichen Mitteln lösen und sich der Drohung mit Gewalt oder der Anwendung von Gewalt enthalten. Sie bekräftigen die Unverletzlichkeit der zwischen ihnen bestehenden Grenze jetzt und in der Zukunft und ver-
20 pflichten sich zur uneingeschränkten Achtung ihrer territorialen Integrität.

Artikel 4 (Die beiden Vertragspartner, A.G.) gehen davon aus, daß keiner der beiden Staaten den anderen international vertreten oder in seinem Namen handeln kann.

25 Artikel 5 (...) Sie (die beiden Vertragspartner, A.G.) unterstützen die Bemühungen um eine Verminderung der Streitkräfte und Rüstungen in Europa, ohne daß dadurch Nachteile für die Sicherheit der Beteiligten entstehen dürfen. (...)

Artikel 6 (Die beiden Vertragspartner, A.G.) gehen von dem Grundsatz aus,
30 daß die Hoheitsgewalt jedes der beiden Staaten sich auf sein Staatsgebiet beschränkt. Sie respektieren die Unabhängigkeit und Selbständigkeit jedes der beiden Staaten in seinen inneren und äußeren Angelegenheiten.

Artikel 7 (Die beiden Vertragspartner, A.G.) erklären ihre Bereitschaft, im
35 Zuge der Normalisierung ihrer Beziehungen praktische und humanitäre Fragen zu regeln. Sie werden Abkommen schließen, um auf der Grundlage dieses Vertrages und zum beiderseitigen Vorteil die

Zusammenarbeit auf dem Gebiet der Wirtschaft, der Wissenschaft und Technik, des Verkehrs, des Rechtsverkehrs, des Post- und Fernmeldewesens, des Gesundheitswesens, der Kultur, des Sports, des Umweltschutzes und auf anderen Gebieten zu entwikkeln und zu fördern. (...)

Artikel 8 (Die beiden Vertragspartner, A.G.) werden ständige Vertretungen austauschen. Sie werden am Sitz der jeweiligen Regierungen errichtet. (...)

Artikel 9 (Die beiden Vertragspartner, A.G.) stimmen darin überein, daß durch diesen Vertrag die von ihnen früher abgeschlossenen oder sie betreffenden zweiseitigen oder mehrseitigen internationalen Verträge und Vereinbarungen nicht berührt werden (...)

Zusatzprotokoll (...) ›Staatsangehörigkeitsfragen sind durch den Vertrag nicht geregelt worden.‹ Die Deutsche Demokratische Republik erklärt zu Protokoll: ›Die Deutsche Demokratische Republik geht davon aus, daß der Vertrag eine Regelung der Staatsangehörigkeitsfragen erleichtern wird‹."

G. Diemer (Hg.): Kurze Chronik der Deutschen Frage, München: Olzog 1990, S. 197 ff.

„Ich weiß nichts Gutes über die DDR"   **49**

Für „Die Zeit" berichtet am 17. 6. 1983 Paul Schwarz über eine Umfrage unter Schülern: „(...) Mauer, Unterdrückung, Unfreiheit, Zwangsumtausch, Flucht, Schießbefehl, Todesstreifen, Armut und dreckige Häuser wurden denn auch am häufigsten genannt, als Jungen und Mädchen einer 9. Gymnasialklasse in Landau in der Pfalz 500 Jugendliche zwischen 13 und 20 Jahren (...) mit Fragebogen und Straßeninterviews nach dem anderen Deutschland, dem 17. Juni und der Wiedervereinigung gefragt haben. ›Die DDR, das ist das Deutschland der 50er Jahre.‹ – › Ich habe eine gewisse Abscheu vor dem Land.‹ – ›Die Grenze ist unmenschlich, die Grenzbeamten sind richtige Roboter.‹ – ›Ich weiß nichts Gutes über die DDR, da über diesen Staat (fast) nur Schlechtes erzählt wird.‹ (...) ›Die Medien drüben haben hauptsächlich die Funktion, das eigene System zu beschönigen, ähnlich wie im 3. Reich.‹ Vergleicht man die negativen Nennungen mit positiven wie ›sehr gute Sportler‹, hochinteressante Kulturstätten‹, ›keine Arbeitslosigkeit‹, ›aufkommende Friedensbewegung‹, ›schöne Landschaften‹, so erscheint bei 85 Prozent der Befragten – die meisten waren Oberschüler – ein düsteres Bild von der DDR, wo ein diktatorisches, menschenverachtendes System die Menschen knebelt (›leben wie im Gefängnis‹) und wo die Waffen gegen den Westen gerichtet sind.

Neutrale Beschreibungen sind selten, und das Alltagsleben der Menschen in der DDR wird nur erwähnt, wenn vereinzelt von Verwandten und Bekannten, noch seltener von Besuchern, die Rede ist. Historische und kulturelle Gemeinsamkeiten wurden nur von sehr wenigen angesprochen (...). Knapp zehn Prozent der 500 befragten jungen Leute kennen die DDR aus eigener Anschauung. Bei ihnen bestehen meistens menschliche Bindungen, sie betonen besonders stark die Verbundenheit und die selbe Nationalität der Deutschen in Ost und West. Sie verzichten weitgehend auf Klischees und verteufeln weniger. Ansonsten scheint das Interesse an jenem Land, das uns das nächste und fernste zugleich ist, allmählich zu schwinden. Auf die Frage: ›Würdest du gerne in die DDR reisen?‹ antwortete jeder dritte Jugendliche mit ›nein‹. Desinteresse (›kennen das Leben dort aus Zeitung, Radio, Fernsehen‹), die Angst, festgenommen zu werden oder sich nicht frei bewegen zu dürfen (...) und vor allem der Zwangsumtausch (›da ich einen totalitären Staat nicht unterstützen will und weil mich dieser Staat anekelt‹) sind die wichtigsten Gründe. Zwei Drittel (67 Prozent) freilich würden gerne die Gelegenheit wahrnehmen, einmal nach drüben zu fahren, ›um die Leute dort kennenzulernen und mit ihnen zu reden‹, ›um die Menschen dort leben zu sehen‹, ›um Städte und kulturhistorische Plätze zu besuchen‹; ›ich würde gerne einmal eine Menschenschlange vor einem Geschäft stehen sehen‹. Das Bild von der DDR ist so negativ, daß man ihm selbst nicht mehr so recht traut und es an Ort und Stelle überprüfen möchte: ›Ich würde gerne einmal hinfahren, um zu sehen, ob die Horrorgeschichten wahr sind.‹ ›Mich interessiert, ob das in der Schule Gelernte der Wirklichkeit entspricht.‹ (...) Auf die Frage: ›Was geschah am 17. Juni 1953?‹ wußten jedoch viele Schüler keine Antwort. (...) Lediglich 31 Prozent (Sekundarstufe I) bzw. 53,39 (Sekundarstufe II) wußten über den 17. Juni Bescheid. Höher ist der politische Wissensstand, wenn es um den Mauerbau und um die SED geht. Immerhin wußten 69,5 Prozent, weshalb die DDR die Mauer errichtet hat und was die Abkürzung SED bedeutet (58,6 Prozent). (...) Noch immer wünschen sich 61,2 Prozent ein wiedervereinigtes Deutschland, ›weil auch die DDR-Bürger Deutsche sind‹, (...). 15 Prozent schränken allerdings ein; sie wünschen sich zwar die Wiedervereinigung, halten sie aber für unmöglich. Für weitere 40 Prozent ist die Wiedervereinigung utopisch (...). Für wahrscheinlich halten nur 6,8 Prozent eine Wiedervereinigung, sie sind meistens 14 bis 15 Jahre alt. Die Älteren bis 20 haben die Hoffnung aufgegeben: ›leider weder heute noch in 1000 Jahren zu verwirklichen.‹ Fazit? – ›In der nächsten Generation‹, sagt ein Abiturient, ›gibt es keine familiäre Beziehungen mehr zwischen hier und drüben, die Erinnerung an ein gemeinsames Deutschland wird dann immer mehr verblassen. Ohne Hoffnung gibt es zwar keine Wiedervereinigung, aber Hoffnung macht nur dann Sinn, solange es noch Menschen gibt, die eine echte Beziehung zueinander haben und sich kennen – jenseits der politischen Systeme.‹"

Die Zeit, 17. 6. 1983, S. 50

4. Die DDR und das deutsch-deutsche Verhältnis seit den 70er Jahren bis 1989

Chronik: Deutschland und die internationalen Beziehungen 1979 bis 1989

1979 Inkrafttreten des **Europäischen Währungssystems (EWS)**. Erste **Direktwahl** zum Europäischen Parlament (7.–10. 6. 79). **Entspannung und Konfrontation: SALT II** – Abkommen über die Begrenzung strategischer Nuklearwaffen von USA und UdSSR am 18. 6. 79; „**NATO-Doppelbeschluß**" vom 12. 12. 79 als Reaktion auf die sowjetische „Vor-"Rüstung mit SS-20 Mittelstreckenraketen: NATO-Mittelstreckenraketen sollen in Europa stationiert und gleichzeitig Abrüstungsgespräche über diese Waffen angeboten werden. **Afghanistan-Invasion** der UdSSR (27. 12. 79). SALT-II-Abkommen deshalb im US-Senat nicht ratifiziert.

Bundesregierung stellt sich nach erheblichen innenpolitischen Turbulenzen hinter den Nato-Doppelbeschluß.

Ausweitung und Verschärfung des politischen Strafrechts. Ausreise von Rudolf Bahro in die Bundesrepublik.

1980 Gründung der unabhängigen polnischen Gewerkschaft **SOLIDARNOSC** (Solidarität) unter Lech **Walesa**. Ronald **Reagan neuer US-Präsident** (4. 11.). Erklärtes Ziel: Kampf gegen „Reich des Bösen" (= UdSSR).

Häufige Treffen von westdeutschen mit ostdeutschen Spitzenpolitikern. Bundeskanzler Schmidt (SPD) sagt wegen Afghanistan-Invasion DDR-Besuch ab.

Abkühlung der offiziellen Beziehungen aufgrund des Protests aus Bonn gegen Afghanistan-Politik der UdSSR. DDR erhöht Mindestumtausch auf DM 25; Besucherschwund.

1981 Mit Francois **Mitterand** wird ein Sozialist **französischer Staatspräsident**. In Genf beginnen amerik.-sowjet. Verhandlungen mit dem Ziel der Begrenzung der Mittelstreckenraketen in Europa. Um russische Intervention abzuwenden und kommunistische Herrschaft gegen Reformdruck zu behaupten, verhängt der polnische Ministerpräsident und KP-Chef **General Jaruzelski** das **Kriegsrecht**. Walesa wird verhaftet.

Auf Einladung Erich Honeckers reist Bundeskanzler Helmut Schmidt in Begleitung mehrerer Bundesminister zu Arbeitsbesuch in die DDR.

„Kampfappell" und Aufmarsch bewaffneter Kräfte in Ost-Berlin aus Anlaß des 20. Jahrestages des Mauerbaus am 13. 8. 81.

1982 In Genf beginnen auf Anregung von Präsident Reagan **START-Verhandlungen** (Strategic Arms Reduction Talks) mit dem Ziel des Abbaus von strategischen Atomwaffen. Allerdings steigert Präsident Reagan parallel dazu die Rüstungsausgaben der USA. November 1982: Lech Walesa wird freigelassen und geht in den Untergrund. **Tod Breschnews,** Nachfolger am 10.11.82: Juri **Andropow.**

Die FPD vollzieht die Wende zu einer CDU/FDP-Koalition unter Bundeskanzler Helmut Kohl, CDU, die die sozialliberale Ostpolitik fortsetzt.	Verschiedene Treffen ost- und westdeutscher Spitzenpolitiker. Themen: Kulturabkommen, Verlängerung des Swing-Kredites.

1983 „**Feierliche Deklaration zur Europäischen Union**" (19.6.83). Wenige Tage später bietet der Warschauer Pakt der NATO Nichtangriffspakt an. Die UdSSR unterbricht die INF- und START-Verhandlungen, da die NATO daran festhält, ab Dezember mit der angekündigten „Nachrüstung" zu beginnen (23.11.).

Verschiedene deutsch-deutsche Treffen von Spitzenpolitikern; Thema: die wirtschaftlichen Probleme der DDR. F.-J. Strauß, bayerischer Ministerpräsident, vermittelt Bürgschaft der BRD für Kredit über 1 Mrd. DM an die DDR. Verstärkte Übersiedlung von DDR-Bürgern in die BRD, da Ausreisegenehmigungen großzügig erteilt werden (1983: 40900).	Zwangsweise Abschiebung von Roland Jahn und 20 weiterer Mitglieder der Jenaer Friedensgruppen. E. Honecker empfängt F.-J. Strauß, Altbundeskanzler H. Schmidt, den Regierenden Bürgermeister von Berlin (West), v. Weizsäcker; DDR beginnt mit Abbau von Selbstschußanlagen an innerdeutscher Grenze.

1984 Am 17.-19.1.84 wird die **Konferenz über Vertrauensbildung und Abrüstung in Europa** (KVAE) in Stockholm eröffnet. **Tod von Juri Andropow.** Nachfolger am 9.2.84: Konstantin **Tschernenko.**

Die meisten der DDR-Bürger, die die Bonner Botschaften in Prag, Bukarest, Budapest und Warschau besetzt hatten, um ihre Ausreise zu erzwingen, kehren nach Zusicherung von Straffreiheit in die DDR zurück. Alle dürfen später ausreisen.	E. Honecker empfängt in diesem Jahr die Ministerpräsidenten, Nordrhein-Westfalens, Johannes Rau, und des Saarlandes, Oskar Lafontaine; von Bayern, F.-J. Strauß, Altbundeskanzler H. Schmidt, den SPD-Vorsitzenden Willy Brandt.

1985 Tod von Tschernenko. Nachfolger am 11.3.85: Michail **Gorbatschow.** Er beginnt unter den Stichworten **Glasnost** (Offenheit) und **Perestroika** (Umbau) mit einer Reform der KPdSU. Gorbatschows Hauptanliegen: Machterhalt der KPdSU und Stabilisierung der UdSSR durch Reform des sozialistischen Gesellschaftssystems, Reduzierung der gewaltigen Rüstungsausgaben, Entspannung des Verhältnisses zur USA.

1986 Horst Sindermann, Präsident der DDR-Volkskammer, besucht auf Einladung der SPD-Bundestagsfraktion die Bundesrepublik; Politbüromitglied Günter Mittag führt in Bonn und Hannover Gespräche mit Vertretern der BRD auf höchster Ebene.

E. Honecker empfängt Ministerpräsidenten verschiedener Bundesländer. Erste deutsch-deutsche Städtepartnerschaft zwischen Eisenhüttenstadt und Saarlouis; mehrtägiger DDR-Besuch einer Delegation der Grünen.

1987 **Vertrag über Abrüstung der Mittelstreckenraketen** zwischen Warschauer Pakt und Nato (8. 12.)

Mit Erich **Honecker besucht** erstmals ein DDR-Regierungschef und SED-Generalsekretär **die Bundesrepublik** (7.–11. 9.). Zu diesem „Arbeitsbesuch" wird Honecker protokollarisch wie ein ausländischer Staatsgast empfangen; Unterzeichnung mehrerer Abkommen, u. a. zum Umweltschutz; Honecker besucht verschiedene Bundesländer. Die Bundesregierung erhöht das **Begrüßungsgeld** für Besucher aus der DDR auf DM 100 pro Jahr. SPD-SED-Papier „Der Streit der Ideologien und die gemeinsame Sicherheit" erscheint (27. 8. 87).

E. Honecker empfängt wieder Ministerpräsidenten verschiedener Bundesländer zum Meinungsaustausch; am Brandenburger Tor kommt es auf Ostberliner Seite zu Zusammenstößen zwischen der Volkspolizei und jugendlichen Fans, die ein Rockkonzert im Westen vor dem Brandenburger Tor verfolgen wollen. Behinderung westlicher Journalisten. Etwa 1000 Menschen nehmen in Ost-Berlin an nicht angemeldeter, aber störungsfrei verlaufenden Friedensdemonstration teil.

1988 EG und RGW vereinbaren die Aufnahme offizieller Beziehungen. Der RGW gibt seine bisherige ablehnende Haltung gegenüber der EG auf. Auf EG-Gipfelkonferenz wird Schaffung eines **EG-Binnenmark**tes ab 1. 1. 93 angekündigt. DDR und EG nehmen diplomatische Beziehungen auf.

Ausweitung des „Kleinen Grenzverkehrs" auf Westberlin und damit verbesserter Besuchsmöglichkeiten. Bundeskanzler Kohl reist zu Privatbesuch in die DDR. Aufgrund der Neuordnung der Ausreisemodalitäten durch die DDR siedeln erneut 39 832 DDR-Bürger in die Bundesrepublik über.

Erich Honecker empfängt wieder mehrere Ministerpräsidenten und Fraktionsvorsitzende. Wiederholt Demonstrationen für Meinungsfreiheit (in Ost-Berlin) und Reisefreiheit (Dresden); wiederholt Verhaftung, Verurteilung und Abschiebung von zahlreichen Angehörigen der DDR-Friedens- und Menschenrechtsbewegung. Erstmals Rückkehr von zunächst ins Ausland abgeschobenen Oppositionellen in die DDR.

1989 4. 6.: Die chinesische KP ertränkt die gewaltlose Demokratiebewegung in einem Blutbad. Die DDR-Führung solidarisiert sich mit diesem Vorgehen und entsendet E. Krenz mit einer Grußadresse nach Peking. Im September öffnet Ungarn die Grenzen für DDR-Bürger. M. **Gorbatschow** besucht die DDR zum 40jährigen Jubiläum (7.10.89) und rät der SED-Parteiführung erneut vergeblich zu seinem Reform-Kurs.

Auf Einladung der SPD-Fraktion besucht Volkskammer-Delegation die BRD; Honecker teilt der Bundesregierung mit, daß es keinen Schießbefehl mehr gibt. Verschiedene Bemühungen der Bundesregierung und anderer Politiker, die DDR-Bürger zum Bleiben zu bewegen und zu verhindern, daß die Lage völlig außer Kontrolle gerät. Für die DDR-Bürger, die auf das Gelände von Botschaften der BRD geflohen sind, werden noch vor dem DDR-Jubiläum unbürokratisch Lösungen gefunden: Sie dürfen ausreisen, per Sonderzug, insgesamt ca. 14 000 Menschen.

E. Honecker empfängt bis zum 7. Oktober 1989 mehrere Ministerpräsidenten; Mai: 98,85 % Ja-Stimmen bei Kommunalwahlen. Erstmals gelingt es der Opposition, Wahlfälschungen nachzuweisen. Im Sommer stetig anwachsende Fluchtwelle, vor allem seit der Grenzöffnung in Ungarn. Parallel dazu zunehmend Demonstrationen für Meinungs-, Reise- und Versammlungsfreiheit; Massenfestnahmen. Erstmals beantragt mit dem Neuen Forum DDR-Oppositionsgruppe offiziell Zulassung als politische Vereinigung; 6.–7.10.: **DDR** begeht **40. Jahrestag** ihrer Gründung.

4.1. Das verborgene Scheitern der Planwirtschaft

Immer wieder hatten seit Kriegsende die KPdSU und in ihrem Gefolge die kommunistischen Parteien des gesamten Ostblocks die historisch-gesetzmäßige Überlegenheit der kommunistischen Weltanschauung, Politik- und Wirtschaftsform über den historisch überholten Kapitalismus betont. Immer wieder waren sie in Fünf- oder Siebenjahresplänen angetreten, dies zu beweisen durch das Einholen oder gar Überholen der wirtschaftlichen Leistungsfähigkeit kapitalistischer Staaten. Daß dieses Ziel nie erreicht und sogar zunehmend unerreichbar wurde, (Plan-)Anspruch und Wirklichkeit also zusehends auseinanderklafften, führt im Umkehrschluß logischerweise zu Zweifeln an der SED-Alleinherrschaft und am SED-Welterklärungsmonopol, folglich zu einer Abkehr vom SED-Staat, der DDR – so oder so.

Offene Kritik und zaghafte Reformbestrebungen waren für alle nicht-prominenten DDR-Bürger mit hohem Risiko verbunden – und entsprechend selten. Die große Mehrheit versuchte sich mit dem Mangel, mit den politischen Verhältnissen zu arrangieren und zog sich, wann immer es möglich war, in irgendwelche Nischen zurück, hunderttausende beispielsweise am Wochenende auf ihre Datschen. Wenige – wenn auch gegen Ende der 80er Jahre immer mehr – begaben sich auf den dornenreichen Weg, offiziell die Ausreise zu beantragen. Bis zur Ausreiseerlaubnis – wenn sie denn erteilt wurde – drohte ein mehrjähriger Spießrutenlauf durch staatliche Schikanen. Und bis zum Untergang der DDR im Herbst 1989 gab es immer wieder einzelne, die alles auf eine Karte setzten und die lebensgefährliche Flucht über die immer noch streng bewachte deutsch-deutsche Grenze zu Wasser, zu Lande oder in der Luft wagten.

Daß in den 80er Jahren ganze Gruppen von DDR-Bürgern durch Botschaftsbesetzungen (1984 ständige Vertretung der BRD in Ostberlin, 1985 in Prag) ihre Ausreise zu erzwingen suchten, läßt sich darauf deuten, daß die kosmetischen Zugeständnisse der Partei (Orangen zu Weihnachten) längst nicht mehr genügten, um die Unzufriedenheit der Bürger mit Staat und Partei zu besänftigen. Schon damals war der Westen überrascht von diesen Aktionen – sie paßten nicht zum Wunsch nach Abrüstung und Entspannung und in das gewohnte Bild vom monolithischen, unerschütterlichen Ostblock, zusammengehalten von der UdSSR mit eiserner Hand: wie 1953 in der DDR, 1956 in Ungarn, 1968 in der Tschechoslowakei oder 1979 in Afghanistan, wo die Rote Armee einmarschiert war, um ein moskautreues, in Bedrängnis geratenes Regime zu stützen. Von heute aus gesehen lesen sich allerdings jene Botschaftsbesetzungen oder das Auftrumpfen der Friedensbewegung in der DDR, das Auftauchen von Bürgerrechts-Komitees in allen Ostblockländern und die zähe, erfolgreiche Langlebigkeit der polnischen Gewerkschaft Solidarnosc als überdeutliche Anzeichen für Zerfallserscheinungen im sowjetischen Imperium: Schwächen der Moskauer Zentralmacht, Schwächen der nationalen kommunistischen Parteien, massive ökonomische Schwierigkeiten. M. Gorbatschow, kaum sowjetischer Regierungschef, zog die Notbremse, vollzog mit Glasnost (Offenheit) und Perestroika (Umgestaltung) innenpolitisch und mit der Abkehr von der Breschnew-Doktrin außenpolitisch einen radikalen Kurswechsel. Der Rüstungswettlauf hatte jedoch den russischen Bären völlig erschöpft, seine wirtschaftliche Leistungsfähigkeit überstrapaziert. Der gesamte Ostblock stand vor dem Konkurs. Hinzu kam ein biologisches Problem: Nach dem Tod Breschnews 1982, der mit seiner Doktrin seit 1968 die Politik der UdSSR und damit des Ostblocks bestimmt hatte wechselten sich in rascher Folge mehrere Greise an der Spitze der UdSSR ab, die nach kurzer Zeit starben. Die UdSSR und damit der Ostblock driftete für Jahre quasi führerlos dahin, bis mit Gorbatschow 1985 ein Mann das Ruder übernahm, der die Gefahr für die UdSSR erkannte und zu retten versuchte, was noch zu retten war.

Interview mit den DDR-Kritikern Robert Havemann und Wolf Biermann 1975   50

stern: Die DDR ist aber doch weit entfernt von ihren Vorstellungen einer sozialistischen Gesellschaft?
Havemann: Sicher. In der DDR verstärken sich auch, wie in der Bundesrepublik, die negativen Erscheinungen. Hier wird eine Politik betrieben, die das Ziel hat, es dem Westen nachzumachen. Was der DDR-Staat politisch darstellt, ist kein Sozialismus, sondern ein höchst perfektes staatsmonopolistisches System. Es gibt keine ökonomische sozialistische Zielsetzung. Man strebt im Grunde nach den gleichen ökonomischen Zielen wie im Westen.

Biermann: ... angeblich nur besser und krisenfester.
stern: Wieso besser?
Biermann: Besser – das kann man eben dreist behaupten, solange die Leute eingesperrt sind und keine Vergleichsmöglichkeiten haben.
stern: Wenn die Mauer morgen abgebrochen würde, käme es dann zur Massenflucht?
Havemann: Wenn sich sonst nichts ändern würde, würden die Leute massenweise weglaufen.

stern, Nr. 44/1975, S. 56

51 Zwei Journalisten berichten aus dem Alltag der DDR der 80er Jahre

„Nach Feierabend oder, je nach Schicht, vor Dienstbeginn sind Heerscharen unterwegs, um zu organisieren, und das bedeutet: rennen, bitten, warten, herumhören, vertröstet werden, fluchen, schneller sein, nicht aufgeben, das Erkämpfte stolz nach Hause trage. Was DDR-Bürger allein für den ewigen Nestbau in der Wohnung oder für das Bosseln an ihren Autos an Zeit und Energie aufwenden, ist unbeschreiblich. ›Versuchen Sie mal, ihr Bad oder Ihre Küche zu kacheln‹, sagt der Heizungsmonteur, der gegen die glühenden Zuleitungsrohre unserer überheizten Wohnung auch nichts ausrichten kann. ›Fliesen gibt es nicht, und wenn es sie mal gibt, stehen die Leute früh um sechs vor dem Geschäft.‹ Der Fliesenleger nimmt 25 Mark für eine Stunde Schwarzarbeit. ›Versuchen Sie mal, eine Handbohrmaschine zu kaufen‹, sagt ein Student aus Leipzig. Er selbst versuchte es fünfmal vergeblich: ›Jeden Mittwoch um neun, da sollte die Lieferung kommen. Beim sechstenmal klappte es endlich.‹ Ungezählte Stunden gehen drauf, einen Duschkopf aufzutreiben, die passenden Leisten, Schienen, Schrauben oder gar eine Lampe, die gefallen soll. Die vollen Schaufenster täuschen. ›Im Prinzip gibt es alles‹, sagt uns Anne, die Frau eines Arztes, Verlagssekretärin, Mutter zweier Schulkinder, ›nur wenn du was brauchst, ist es gerade nicht da.‹ Ein typischer Witz dazu: ›Haben Sie keinen Zollstock?‹ fragt der Kunde. ›Keinen Zollstock gibts nebenan‹, sagt die Verkäuferin, ›wir haben keine Turnhosen‹. Anne ist patent, malt sich die Lider blau und jammert nicht. Immer hat sie ein Netz dabei: ›Man kauft, auch was man gar nicht nötig hat, aber der nächste Engpaß kommt bestimmt.‹ (...) Was macht der DDR-Bürger, wenn er in der Wüste eine Schlange sieht? Er stellt sich hinten an. Der alte DDR-Witz hat nichts von seiner Aktualität verloren. Vor dem Meißner Porzellangeschäft Unter den Linden (Ostberliner Straße, A. G.) stand ich einmal vierzig Minuten, ohne herauszufinden, was es gab."

Eva Windmöller, Thomas Höpker: Leben in der DDR. Ein Stern-Buch. Hamburg: Verlag Gruner & Jahr, o. J., S. 90

Der Sozialist und Regimekritiker Robert Havemann 1976 über die DDR-Wirtschaft 52

„Da die Löhne die Kaufkraft der Bevölkerung ausmachen, bewirken zu hohe Löhne einen Kaufkraftüberhang, der in einer Wirtschaft ohne freien Markt zur Bildung eines Schwarzmarktes für Waren führt, die in ungenügender Menge am weißen Markt angeboten werden. Um die Bildung eines Schwarzmarktes zu verhindern, versucht man also, die Löhne und damit den Kaufkraftüberhang so niedrig wie möglich zu halten. Auf diese Weise erhöht man zugleich durch niedrige Lohnkosten die Gewinne, die man braucht, um Grundnahrungsmittel, Mieten, Verkehrstarife, Energiepreise, Post- und Fernmeldegebühren u. a. zu subventionieren.
In der DDR werden auf diese Weise die Kosten für die Sicherung des Existenzminimums niedrig gehalten. Für alle Waren außerhalb dieses Bereiches müssen entsprechend erhöhte Preise gezahlt werden. Um den oberen Schichten der Gesellschaft den Zugang zu diesen ›Luxus‹-Waren zu ermöglichen, sind die Gehälter der ›Privilegierten‹ sehr hoch. Zur Abschöpfung der Kaufkraft dieser Großverdiener des Sozialismus dienen die sogenannten Exquisitläden, wo hochwertige ›West‹-Waren zu Überpreisen verkauft werden (...).
Daß es eine ganze Menge Möglichkeiten gibt, sich Geld ›auf andere Weise‹ als durch (behördlich) geregelte Arbeit zu beschaffen, (...) hängt auch mit den Eigenschaften dieses ›Niedrigpreissystems‹ zusammen. Dies System ist nämlich die Grundlage der sogenannten ›Feierabend‹-Brigaden. Da in allen handwerklichen Berufen die Arbeitskräfte sehr knapp sind – die Handwerker- und Produktionsgenossenschaften des Handwerks werden gezwungen, niedrigere Löhne zu bezahlen als die Industrie – , werden Handwerksarbeiten, die am Feierabend und am Wochenende geleistet werden, sehr hoch bezahlt. Wenn vom Freitag nachmittag bis Sonntag abend gearbeitet wird, kann ein Maurer an einem Wochenende so viel verdienen wie regulär in zehn bis 14 Tagen. Er kann auf diese Weise also sein Einkommen bequem verdoppeln. Macht er mal ein paar Tage blau, so kann er schnell zu viel Geld kommen. Da er auf diese Weise das ökonomische Prinzip des Niedrigpreissystems durchbricht, handelt er ›asozial‹. In Wirklichkeit aber verdient er mit seiner Feierabend-Arbeit genau das, was diese Arbeit tatsächlich wert ist (...)
Die kapitalistische Wirtschaft optimiert sich mit Hilfe des freien Marktes, der zwar auch nicht so frei ist, wie ihn sich liberalistische Wirtschaftstheoretiker wünschten. Aber soweit bei gleichzeitigem Wachstum und dauerndem technischen Fortschritt eine Optimierung überhaupt möglich ist, wird sie vom Markt geleistet. Dadurch erklärt sich der andauernde große Vorsprung der kapitalistischen Wirtschaft. Sie stellt ein elastisches, sich selbst regulierendes kybernetisches System dar, mit dem verglichen die sozialistische Planwirtschaft eher den Charakter eines starren ›Klapperatismus‹ mit Hebeln und Schrauben hat."

Der Spiegel, N. 42/1976, S. 70–74

53 „Mein Freund, der Plan"

Irene Böhme, bis 1980 als Journalistin und Dramaturgin in der DDR tätig, schreibt 1983:

„Der Plan war etwas Abstraktes, als er in den 50er Jahren eingeführt wurde. Heute ist er jedermann vertraut. Man spricht von ihm wie von einem guten Bekannten, reißt Witze über ihn. Plankorrektur und Gegenplan gehören zum Alltag. Der Plan ist kein Menetekel, sondern die heilige Kuh, die es zu melken gilt. (...) Das System ist einfach. Eine Planvorgabe klickert alljährlich von der Spitze der Hierarchie – Stufe um Stufe – bis zur Basis. Auf jeder Instanz wird versucht, die Zahlen zum eigenen Vorteil zu reduzieren oder zu erhöhen. Am Ende dieser Stufenleiter erhält die Brigade ihre Planvorgabe. Sie sagt, was sie schaffen kann oder will. Kein Planvorschlag darf an die übergeordneten Organe weitergeleitet werden, wenn nicht die Mitgliederversammlung der Gewerkschaft oder die Ökonomische Konferenz, eine Delegiertenversammlung der Gewerkschaft dazu Stellung genommen hat. Das steht im Gesetz. Ist das geschehen, klickert die Planvorgabe wieder zur Spitze der Hierarchie. Auf diesem Weg kann er (der Plan) erneut manipuliert werden. Das stört den Werktätigen wenig. Er hält sich an das, wozu er sich verpflichtet hat. Meist setzt er die Zahlen so, daß eine Reserve einkalkuliert, die Übererfüllung also möglich ist. Er hütet sich, Reserven zu benennen (...).

Nun geschieht es allerorts, daß die Pläne nicht erfüllt werden. Das ist kein Dilemma. Dafür gibt es immer Gründe, und die Schuld liegt stets bei den anderen. Bei den Zulieferbetrieben oder dem Mangel an Arbeitskräften, am schlechten Material, am Ausfall von Maschinen, an nicht rechtzeitig realisierten Investitionen. Wenn der Plan nicht erfüllt wird, ist das höhere Gewalt. In solchem Fall wird der Plan mit dem Bleistift erfüllt. Die Ökonomen und Buchhalter haben ihre große Jonglier-Stunde. Gelingt ihnen nicht, aus roten Zahlen schwarze zu zaubern, muß der Betriebsleiter nach Canossa, also beispielsweise zum Kombinatsdirektor gehen. Mit Hilfe von Umverteilungen aus anderen Betrieben wird das Problem meist gelöst. Wenn nicht, geht man noch eine Instanz höher. Das Defizit kann noch so groß sein, in einem Punkt sind sich die Funktionäre immer einig: Die Betriebsangehörigen dürfen dafür nicht büßen. Kein Betrieb kann es sich leisten, die Jahresendprämie für Planerfüllung nicht zu zahlen. Es ist schon schwierig genug zu erklären, daß keine erhöhte Prämie für Übererfüllung gezahlt wird. So passiert es nicht selten, daß Brigaden eine 120prozentige Prämie für Übererfüllung nach Hause tragen, während der Gesamtbetrieb seinen Plan nur mit 90 Prozent erfüllte. (...) Das wissend, lächeln die Werktätigen einander zu (...): ›Bei uns stimmt der Plan immer‹.

(...) Das Wertvollste, was der Bürger in diesem existentiellen Spiel hat, ist seine Arbeitskraft. Mit ihr sitzt er am langen Hebel. Das Land leidet an Arbeitskräftemangel. Normale Betriebe dürfen keine Stellenangebote in Zeitungen veröffentlichen, das gilt als Abwerbung. Mit besonderer Genehmigung dürfen Post, Bahn und vereinzelt Industriekombinate auf Plakaten um

Arbeitskräfte ›aus der nichtberufstätigen Bevölkerung‹ oder um Lehrlinge werben. Jedoch von zehn Millionen Menschen im arbeitsfähigen Alter sind bereits acht Millionen berufstätig. (...) Angst um den Arbeitsplatz kennt der DDR-Bürger nicht. Der Betrieb kann ihm überhaupt nicht kündigen. Selbst wenn er wiederholt straffällig wird, darf er nicht entlassen werden. (...) Jedermann kann dagegen jederzeit kündigen, die Frist beträgt 14 Tage, und kein Betrieb ist berechtigt, diese Kündigung anzufechten. Der Bürger kann für sich entscheiden, ob er in einem volkseigenen, genossenschaftlichen oder privaten Betrieb arbeitet. Den Löwenanteil an Arbeitsplätzen stellt die volkseigene und genossenschaftliche Wirtschaft, sie zählt 7 781 000 Beschäftigte. Von acht Werktätigen sind also sieben so etwas wie Staatsangestellte."

Irene Böhme: Die da drüben. Sieben Kapitel DDR, Berlin (West): Rotbuch Verlag 1983, S. 21 ff.

Rudolf Bahro: Die SED im Sozialismus – ein funktionsgestörtes Gehirn 54
Rudolf Bahro, Journalist und Wirtschaftsfunktionär in der DDR, schrieb zwischen 1973 und 1976:

„Die Rolle der Partei ist gar nicht zu Unrecht oft mit der Rolle des Gehirns im Gesamtorganismus verglichen worden. (...) Aber (...) die Partei (muß) mindestens das Erkenntnisorgan sein, mit dessen Hilfe sich die Gesellschaft institutionell regelmäßig und rechtzeitig an die Veränderungen ihrer selbst und ihrer Umwelt anpaßt. Wenn ein individuelles Gehirn nicht mehr bereit oder fähig ist, die Umwelt so zu nehmen, wie sie ist und den Organismus darauf einzustellen, praktisch mit ihr fertig zu werden, dann spricht man in der Psychologie von Neurosen oder Schlimmerem. (...) Was ich behaupte, ist, daß die Parteiorganisation, wie wir sie jetzt konkret vor uns haben, ein veraltetes Weltbild und Verhaltensmodell konserviert, daß sie als soziales Erkenntnisorgan auf ›physiologischer‹ Ebene sklerotisch, auf ›psychologischer‹ Ebene neurotisch funktioniert. Solche leistungsgeminderten und funktionsgestörten Gehirne pflegen ihre Organismen früher oder später zugrunde zu richten, weil die Entscheidungen, die sie treffen, zu weit vom Optimum abliegen, abliegen **müssen**, oft nur geeignet sind, das Gesamtsystem noch tiefer in die Krise zu verstricken. Die heutige Parteiorganisation ist eine Struktur, die **aktiv massenhaft falsches Bewußtsein produziert.** An der Spitze gerinnt dieses falsche Bewußtsein zu Entscheidungen und Beschlüssen, die insgesamt keine adäquate Interpretation der gesellschaftlichen Bedürfnisse, Notwendigkeiten und Möglichkeiten darstellen **können.** Sie ist konditioniert wie ein Pawlowscher Hund, der eine lange Zeit braucht, um eine einmal eingeübte Reaktion auf irgendein Signal zu verlernen, wenn dieses Signal seine Bedeutung verändert."

Rudolf Bahro, Die Alternative. Zur Kritik des real existierenden Sozialismus. Ungek. Studienausgabe, Köln, Frankfurt/Main: EVA 1979, (geschrieben 1973–1976), S. 291 f.

55 Haushaltsrechnung für das Jahr 1984 – die Sicht der Partei

„Dank den hervorragenden Leistungen der Werktätigen in allen Bereichen des gesellschaftlichen Lebens war das Jahr 1984 eines der erfolgreichsten in der Geschichte der DDR.

Die Entwicklung der Volkswirtschaft war 1984 durch eine starke Dynamik und steigende Effektivität gekennzeichnet. In Verwirklichung der vom X. Parteitag der SED beschlossenen ökonomischen Strategie wurde die intensiv erweiterte Reproduktion bestimmend für das Wachstum der Volkswirtschaft. Entsprechend den Erfordernissen der neuen Etappe der ökonomischen Strategie wurden wichtige Grundlagen geschaffen, um den Weg der umfassenden Intensivierung auf lange Sicht erfolgreich weiter zu beschreiten.

Von besonderem Gewicht ist die weitere Beschleunigung des Wachstums der Arbeitsproduktivität. Die Senkung des spezifischen Produktionsverbrauchs und der Kosten trug im Jahr 1984 wiederum wesentlich zur Dynamik des Nationaleinkommens bei.

Auf dieser Grundlage entwickelten sich die Staatsfinanzen im Jahr 1984 weiter stabil.

In Verwirklichung des von der Volkskammer der DDR beschlossenen Gesetzes über den Staatshaushaltsplan 1984 sind Einnahmen in Höhe von 213,5 Milliarden Mark erwirtschaftet worden. Der Plan wurde mit 101,9 Prozent erfüllt. In diesem Rahmen konnten Ausgaben in Höhe von 211,8 Milliarden Mark geleistet werden.

Im Ergebnis effektiven Wirtschaftens wurde damit ein Überschuß der Einnahmen über die Ausgaben des Staatshaushaltes in Höhe von 1756 Millionen Mark erzielt. Das Gesetz über den Staatshaushaltsplan 1984 sah einen Überschuß von 120 Millionen Mark vor.

Alle Haushalte der Städte und Gemeinden, der Kreise und Bezirke schlossen ebenfalls mit Überschüssen ab, die entsprechend den gesetzlichen Regelungen den Fonds der Volksvertretungen zugeführt wurden. In Vorbereitung des XI. Parteitages der SED werden diese Mittel durch die örtlichen Volksvertretungen für die weitere Entwicklung der sozialistischen Kommunalpolitik, vor allem für die Finanzierung der Bürgerinitiativen im ‚Mach mit!'-Wettbewerb 1985 zur Verbesserung der Arbeits- und Lebensbedingungen der Werktätigen sowie zur Beschleunigung der territorialen Rationalisierung eingesetzt.

Entscheidenden Anteil an dieser stabilen Entwicklung der Staatsfinanzen der DDR haben die volkseigenen Betriebe und Kombinate, aus deren Reineinkommen auf Grund des im Jahre 1984 erreichten hohen Leistungs- und Effektivitätszuwachses mehr als 78 Prozent der Gesamteinnahmen des Staatshaushaltes flossen.

Die weitere erfolgreiche Durchführung der Hauptaufgabe in ihrer Einheit von Wirtschafts- und Sozialpolitik ermöglichte es, auch im Jahre 1984 das erreichte materielle und kulturelle Lebensniveau des Volkes zu sichern und weiter zu verbessern. So wurden aus dem Staatshaushalt bedeutende finanzielle Mittel zum Wohle des Volkes für die weitere Verwirklichung des Woh-

nungsbauprogramms, die Sicherung stabiler Preise für Waren des Grundbedarfs sowie der Tarife und Mieten, für das Bildungswesen sowie für die gesundheitliche, soziale und kulturelle Betreuung der Bevölkerung eingesetzt.
Darüber hinaus sind im Jahre 1984 aus den Fonds der Betriebe und Kombinate, Staatsorgane und staatlichen Einrichtungen für die kulturelle und soziale Betreuung der Werktätigen und deren Kinder sowie der Veteranen der Arbeit 6,6 Milliarden Mark ausgegeben worden.
Die 1984 für die nationale Verteidigung mit dem Gesetz über den Staatshaushaltsplan festgelegten Mittel wurden bereitgestellt und für Maßnahmen zum Schutz des Friedens und des Sozialismus verwendet."

AUS „PARTEILEHRJAHR DER SED", Studien- und Seminarhinweise für Teilnehmer und Propagandisten der Seminare zur politischen Ökonomie des Sozialismus und der ökonomischen Strategie der SED, 2. Studienjahr, Berlin: Dietz Verlag 1985, S. 148 f.

Die Nettoverschuldung der DDR im Ausland   **56**

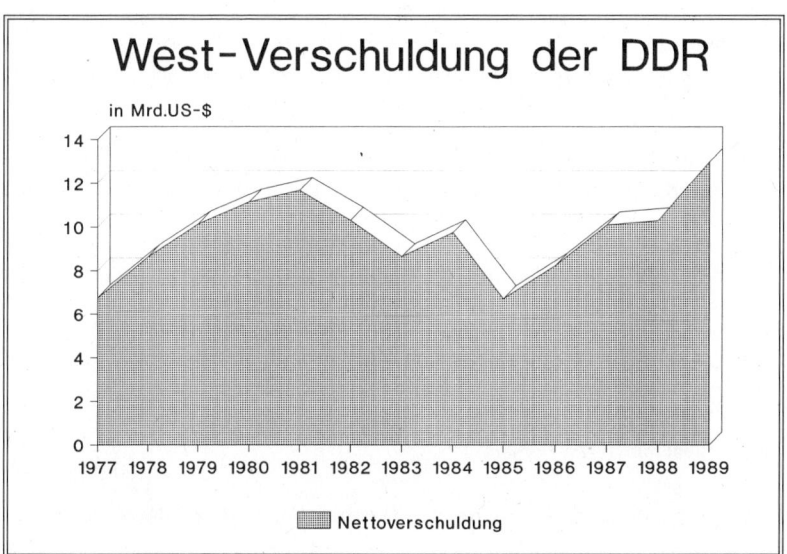

Quellen: 1977–86 nach: DIW-Wochenbericht, Nr. 5, 1988, S. 66 – 1987/88: Neue Züricher Zeitung, 23.11.1989, S. 13 – 1989 nach: DDR und Osteuropa – Währung und Wirtschaft, hrsg. von der Deutschen Bank u. dem Min. für innerdt. Beziehungen, Frankfurt/M. 1990, S. 73

57 Staatlich geförderter Postraub aus Devisenmangel
Die Berliner Morgenpost berichtet am 11.2.94:

„Es war der größte Postraub der Geschichte. Ausgeheckt hatte ihn Stasi-Chef Erich Mielke. Systematisch filzte seine ›Firma‹ Briefe und Pakete, die von West nach Ost gingen. Devisen, Schmuck, selbst Lebensmittel wurden entwendet – die Schreiben in der Regel vernichtet. Zuständig war die Abteilung ›M‹ der MfS-Spionageabwehr. Seit gestern muß sich nun ihr früherer Leiter, Ex-Generalmajor Rudi S.[1] wegen Unterschlagung vor der 16. Großen Strafkammer des Berliner Landgerichts verantworten.

Für die DDR-Führung war der staatlich organisierte Postklau ein einträgliches Geschäft. Pretiosen verscherbelte Alexander Schalck-Golodkowski über die KoKo in den Westen. Den Bohnenkaffee schlürften Honecker und Genossen morgens in Wandlitz, Kleidung und sonstige Gebrauchsgüter landeten in den eigens für die Kader eingerichteten Versorgungsstellen.

Die Devisen wiederum flossen direkt in die Staatskasse – teils in den Reptilienfonds des MfS. Die Staatsanwaltschaft ermittelte im Fall S., daß allein zwischen Januar 1984 und November 1989 Valuta-Mittel in Höhe von umgerechnet 32 Millionen DM aus Briefen entwendet wurden – darunter 20 kuwaitische Dinar, sogar 21 polnische Zloty. Beweis: (die) penible Buchführung (von S., A.G.). Alle Belege mußten fünf Jahre aufgehoben werden.

Dennoch erscheint eine Verurteilung (von S.) eher unwahrscheinlich. Daß landesweit zehn Prozent aller Briefe kontrolliert und allein in Berlin täglich rund 6000 Sendungen geöffnet wurden, bestreitet der heute 65jährige Rentner nicht. Allerdings seien alle Gelder ordnungsgemäß abgeführt worden. Davon hätte sogar die Volkskammer gewußt. Im Sinne der Anklage jedenfalls sei er unschuldig. Er habe auf Weisung Mielkes und des damaligen Chefs der Spionageabwehr, Günter Kratsch, gehandelt, (und) sich nicht persönlich bereichert.

Darauf kommt es nach einem Urteil des Bundesgerichtshofs (BGH) vom Dezember 1993 allerdings an. Die Karlsruher Richter argumentierten, daß der Bruch des Post- und Telefongeheimnisses sowie die Geldentnahme aus Briefen nicht strafrechtlich zu ahnden sei. Urteile gegen drei Stasi-Mitarbeiter der Abteilung ›M‹ in Magdeburg wurden aufgehoben. (...)"

Berliner Morgenpost, 11.2.1994, S.9

[1] im Original mit vollem Namen.

58 „Schalck beschaffte 29 Milliarden" – Das heimliche Wirken der Koko

„Wenn es um Westgeld ging, war jedes Mittel recht. Ob Menschen- oder Waffenhandel, Vertragsbruch oder die Ausplünderung der eigenen Bevölkerung – das in SED-Auftrag handelnde und vom Ex-DDR-Devisenbeschaffer Alexander Schalck-Golodkowski geführte Firmengeflecht Kommerzielle Koordinierung (Koko) schreckte offenbar vor nichts zurück, um die marode DDR-

Wirtschaft mit Valuta über die Runden zu bringen. Zu diesem Ergebnis ist nach dreijähriger Arbeit der vom Bundestag eingesetzte Schalck-Untersuchungs-Ausschuß in seinem gestern vorgelegten Abschlußbericht gekommen.
Der Ausschußvorsitzende Friedrich Vogel (CDU) räumte ein, daß eine Reihe von Fragen offen geblieben seien. Dazu zähle etwa der Verbleib der Schalck-Gelder nach dem Zusammenbruch der DDR. Die Vertreterin von Bündnis 90/Grüne im Ausschuß, Ingrid Köppe, distanzierte sich von dem Bericht. Wesentliche Teile seien ausgelassen worden oder verfälscht worden. Der stellvertretende Ausschußvorsitzende, Axel Wernitz (SPD), forderte, in einigen Bereichen nachzuarbeiten.
9,3 Kilo bringt der Bericht auf die Waage, der morgen im Bundestag beraten wird. 16,2 Millionen Mark wurden ausgegeben, 19 000 Seiten dokumentiert, was in 465 Stunden bei Zeugen-Vernehmungen über die 160 Firmen des Koko-Imperiums protokolliert wurde:
- Im Bericht wird betont, daß die Koko-Aktivitäten für die DDR eher negativ waren. Es sei auch mit Schalcks Milliarden nicht gelungen, die Effizienz der Planwirtschaft zu steigern.
- Zwischen 1966 und 1989 hat das Koko-Imperium 29 Milliarden Mark an Devisen erwirtschaftet.
- Schalck war seit den siebziger Jahren bei allen wirtschaftlichen Vereinbarungen mit der Bundesregierung die zentrale Figur.
- Die Koko-Firma Imes betrieb weltweiten Waffenhandel: Während des iranisch-irakischen Kriegs gingen Waffen für 500 Millionen US-Dollar an den Iran. Zugleich wurde auch der Irak beliefert.
- Besonders makaber war der Menschenhandel. Der Freikauf von 33 755 Häftlingen und die Ausreise-Erlaubnis für 250 000 DDR-Bürger brachten 3,3 Milliarden DM.
- Die DDR griff auf private Vermögen zurück. Unter fadenscheinigen Beschuldigungen brachte sich die Kunst- und Antiquitäten GmbH in den Besitz wertvoller Gegenstände, die sie im Westen verkaufte.
- Im innerdeutschen Handel gab es Betrügereien. Durch die Fälschung von Papieren wurden Millionen an Zöllen hinterzogen.
- Allein 1,2 Millionen kassierte Koko bei den Müllgeschäften, wobei der Bundesrepublik und dem westlichen Ausland erlaubt wurde, auf DDR-Deponien Müll zu lagern.
- Ein Teil der Devisen ging an die DKP im Westen, ein weiterer an die SED-Elite in Wandlitz."

Berliner Morgenpost, 22.6.1994, S. 5

4.2. Der heimliche Abschied von der SED

59 Susanne, 16, DDR-Schülerin, fragt 1977: „Was stimmt denn nun?"
Susanne, Schülerin der 10. Klasse, jüngstes von fünf Geschwistern, erzählt:

„Schlimm ist für mich, wie Papa sich verhält. Ich hörs mir immer an, wenn er über die Arbeit schimpft, ich versuchs zu verstehen, aber es deprimiert mich, wenn er Ärger hat mit der Partei. In der Schule spricht man ja ganz anders. Was stimmt denn nun? Manchmal hab ich richtig Angst, weil ich nicht mehr
5 so hundertprozentig an alles glauben kann wie als Kind. Ich hab so blöd von unserem Schuldirektor geträumt. Der predigt uns ja immer, wie wir sein sollen. Auf einmal wollte er uns erschießen. Das kommt daher, weil ich mir einbilde, ich falle durch, und die zehnte ist ja so wichtig. Das ist ein unheimlicher Druck, so daß man gar nicht ruhig schlafen kann. Im Traum hab ich unserem
10 Direktor dann alles klargemacht, ich hab mit ihm verhandelt, wie ich das immer mache, und dann hat er uns leben lassen. Ich war mächtig aufgeregt, aber es hilft doch, wenn man sich für was einsetzt. In unserer Klasse sind eigentlich alle für den Sozialismus. Jeder versucht, den anderen zu überzeugen, wie sehr er selber überzeugt ist. Unser Staat macht Fehler, na gut, aber
15 das Prinzip ist einwandfrei. Richtig fanatisch sind wir manchmal. Manche sagen: Sollen doch alle rübergehen, die wollen.
Ein großes Vorbild ist unsere Geschichtslehrerin. Schon ihr Äußeres: Sie ist immer modisch gekleidet, gar nicht wie eine Lehrerin, sie schaut immer frisch und ausgeruht aus, als ob sie mit uns überhaupt keinen Ärger hätte. Sie arbei-
20 tet nicht stur auf ein Ziel hin und jubelt uns nicht ihre eigene Meinung unter. Mit ihr sprechen wir über alles, auch über Westfernsehen. Sie sagt nicht, das ist falsch. Sie sagt, ist gut, daß ihr so ehrlich seid. Sie sagt, man kann nur zu einer eigenen Meinung gelangen, wenn man offen sein kann und sich auch irren darf. Sie geht nicht mit uns um wie Lehrer mit Untergebenen."

Maxie Wander: Guten Morgen du Schöne, Berlin: Morgenbuch Verlag Volker Spiess 1992, Erstveröffentlichung 1977, S. 90 f.

60 Staatliche Lenkung – persönliche Wünsche
Der Journalist Dieter Bub berichtet 1982 in der Illustrierten „stern":

„Ob mit einem Notendurchschnitt von 1,0 oder 3,5 – Birgit Langner braucht sich um ihre Berufsausbildung keine Sorgen zu machen. Die DDR hat (...) für jeden Jugendlichen einen Arbeitsplatz. Dabei blieben jedoch viele Wünsche unerfüllt. Wer von einem Leben als Kosmetikerin oder Kraftfahrzeug-
5 schlosser träumt, kommt vielleicht in eine landwirtschaftliche Produktionsgenossenschaft, auf den Bau oder an die Kasse einer Kaufhalle.
(...) Dr. Jürgen Beselin, Direktor der Erweiterten Oberschule ›Max Planck‹ in Berlin, hat für die Unzufriedenheit vieler Jugendlicher mit ihrem künftigen Arbeitsplatz kein Verständnis: ›Man sollte nicht annehmen, daß Jugend-
10 liche, wenn sie einmal eine monotone Arbeit leisten müssen, Schaden daran

nehmen. Sie sind vielmehr darin zu bestärken, daß jede Arbeit gemacht werden muß. Wenn das selbstverständliche Erziehungsmaxime in jeder Familie wird, ist das der Weg, aus dem aus täglicher Gewohnheit der Pflichterfüllung Liebe zur Arbeit wird.‹
Die Zeitschrift ›Elternhaus und Schule‹ sieht das nüchterner: Eine nach gesellschaftlichen Erfordernissen angebotene Lehre bedeutet für viele Jugendliche, ›lang erträumte Berufswünsche nicht erfüllen zu können.‹ Deshalb dürften Kindern ›in Bezug auf ihre eigene Lebenschancen‹ keine falschen Hoffnungen gemacht werden.
Stefan zum Beispiel wollte Dachdecker oder Installationsmechaniker werden. Seine Bewerbungen wurden abgelehnt. Er hat sich schließlich für Metallurgie entschieden."

Dieter Bub, Kein Bock auf Honecker. Jugend in der DDR; in: stern, Nr. 17 vom 22.4.1982, S. 20 ff.

Die Schere zwischen Anspruch und Wirklichkeit öffnet sich: Ein ehemaliger DDR-Lehrer blickt zurück auf die 70er und 80er Jahre in der DDR:

„Im fachlichen Bereich wie in Erziehungsfragen wurden die Probleme immer größer, die Kluft zwischen den Erfolgsmeldungen und der Realität wuchs auch im Bereich der Bildung. Ausbildung wurde immer mehr ideologisiert, Phrasen und Erfolgsmeldungen waren an der Tagesordnung. Die Zensuren in Abschlußprüfungen der Klasse 10 wie im Abitur hätten die Prognose gerechtfertigt, daß die Nobelpreise der 80er und 90er Jahre der DDR gehören. Fachliche Qualifikation – dabei überblicke ich aber vorwiegend Geisteswissenschaften und sprachliche Fähigkeiten – ließ immer mehr zu wünschen übrig. (...) Am meisten aber beeindruckte mich, daß die meisten das gar nicht als Defizit empfanden. Diese wachsende Bescheidenheit, Genügsamkeit im geistigen Anspruch hatte natürlich gesellschaftliche Ursachen. Jeder merkte doch – ob Schüler, Student oder Bürger –, daß andere Werte zählten als Allgemeinbildung. Daß pädagogische Handwerker, Planerfüller mit guten Schülernoten konfliktloser lebten als Anspruchsvolle, der philosophische Kopf gar, das wußte der Student im ersten Studienjahr gewiß. (...)
Und diese Ahnungslosigkeit korrespondierte mit gesellschaftlich-pädagogischer Wirklichkeit. Allgemeinbildung und sozialistische Persönlichkeit, das verkam zur Phrase wie die Redensarten über wirtschaftliche Effektivität. Seit den 70er Jahren (...) bestanden immer mehr Abiturienten das Abi mit Auszeichnung oder ›sehr gut‹. Eine 3 im Abitur verriet fast schon Aufsässigkeit und Kühnheit der Lehrer. Wie sollen Studenten hohe Anforderungen an sich selbst stellen, wenn ihnen 12 Jahre hindurch Mittelmaß in vorzügliche Leistung umgemünzt wurde? Das war die Tendenz. Partei und Staat wollten Erfolge sehen, konstatierten sie im voraus, also wurden sie geliefert."

Jürgen Fuchs/Gerhard Hieke: Dumm geschult? Ein Schüler und sein Lehrer, Basis Druck Verlag: Berlin 1992, S. 65–68

62 „Ohne Parteimitgliedschaft läuft nichts mehr"
Ein Jugendlicher erzählt 1984 in der DDR einem Besucher aus Westdeutschland:

„Ich habe ein sehr gutes Abitur und wollte Medizin studieren. Nachdem ich mich auch noch auf drei Jahre für die Nationale Volksarmee verpflichtet hatte, dachte ich, jetzt ist alles klar. Wäre es ja früher auch gewesen. Jetzt aber bekomme ich zu hören, ich sei ja gesellschaftlich nicht besonders aktiv. Mit
5 anderen Worten: Ohne Parteimitgliedschaft läuft das nicht mehr."

Wolfgang Büscher/Peter Wensierski, Null Bock auf DDR. Aussteigerjugend im anderen Deutschland. Reinbek bei Hamburg: Rowohlt 1984, S. 25 f.

63 Aussteiger in der DDR
Karl Winkler hat 1983 die Jugendszene in der DDR untersucht. Er fand überraschend viele „Aussteiger", darunter viele Söhne und Töchter hoher Funktionäre. Viele Jugendliche tragen den Aufnäher ›Schwerter zu Pflugscharen‹ und setzen sich so den Schikanen der Volkspolizei aus. Einige streifen als Punks durch Ost-Berlin und Leipzig, andere haben sich in ihre Wohnungen zurückgezogen, um dort in der Gemeinschaft Gleichgesinnter politisch und kulturell anders zu leben. Und immer wieder haben welche den ewigen Grabenkampf satt, sie stellen einen Ausreiseantrag. Er läßt einen der „Aussteiger" zu Wort kommen:

„Ich würde gern wissen, was meine und die Eltern dieser anderen sich zu sagen haben, wenn sie auf ihre Kinder zu sprechen kommen. Oder sprecht ihr gar nicht über uns ? .... Hört endlich auf, Euch wegen uns vor Euren Genossen zu schämen. Seht Euch doch nur um in Euren Kreisen, unsere Fälle kom-
5 men in so vielen Funktionärsfamilien vor. Wir sind nicht bloß die Späne, die beim Hobeln fallen, wir sind die Generation, die Euch fehlen wird. Wenn Ihr nicht aufpaßt, werdet Ihr sehr einsam werden."

Karl Winkler: Made in GDR (= German Democratic Republic). Jugendszenen aus Ost-Berlin, Berlin (West) 1983, S. 6

64 Die evangelische Kirche als Auffangbecken für Aussteiger
Vor allem die evangelische Kirche bot mit ihrer offenen Jugendarbeit all den Jugendlichen, die vom staatlichen Freizeitangebot nichts wissen oder sich gegenüber der totalen staatlichen Lebensplanung Freiräume erkämpfen wollten, eine Anlaufstelle: die Möglichkeit, sich in den Räumen und unter dem Schutz der Kirche zu treffen und dort offen zu reden:

„Jugendliche, die vom staatlichen Freizeitangebot sowieso nichts wissen wollen, gelten schnell als asozial. Man sieht sie nach Feierabend oder Schulschluß irgendwo in Gruppen herumstehen. Vor Kaufhallen, vor Kinos und in Hauseingängen. Oder sie hängen in Kneipen herum – sofern man sie rein-
5 läßt.
An diese Schmuddelkinder wendet sich die ›offene Arbeit‹ der evangelischen Jugendpfarrer und -diakone in der DDR. Eine Kirche, ein Gemeinderaum

oder notfalls die Privatwohnung des kirchlichen Jugendarbeiters ist der Treffpunkt. Hier gibt es keine Einlaßkontrollen, keine Jeansverbote und keine Mitgliedsbücher. Die Jugendlichen erstmal ›annehmen‹, heißt das im Jargon der Theologen. Die Angenommenen wollen vom Evangelium nichts wissen. (...) ›Die Person des Verantwortlichen spielt eine große Rolle‹, meint der Jugendpfarrer. Und der Verzicht auf Kontrolle. Punks, Straßencliquen, ›Verhaltensauffällige‹ sind die Klienten der kirchlichen ›offenen Jugendarbeit‹. (...) Ein kirchlicher ›Streetworker‹ über die Motive solcher Jugendlicher: ›Es kommt vor, daß jemand reinkommt und sagt, du, ich muß mal mit dir reden. Dann kommen ganz unterschiedliche Probleme: zu Hause rausgeflogen, Ärger mit dem Meister, irgendwo in der Klemme sitzen, oder ich soll ihm eine Arbeit besorgen.‹ Und er fügt hinzu, das Wichtigste sei, ›daß die Vertrauen zu mir haben.‹ Diese Jugendlichen würden sich, so meint er, auch an jede beliebige andere Institution wenden – bloß, die gibt es nicht. (...) Ein Jugendarbeiter der Kirche faßt den Trend so zusammen: ›Es kommt eine Jugend, die das, was sie vorfindet, nicht akzeptieren kann oder will‹."

Wolfgang Büscher/Peter Wensierski: Null Bock auf die DDR, Aussteigerjugend im anderen Deutschland. Reinbeck bei Hamburg: Rowohlt 1984, S. 168 f.

Die DDR der 80er Jahre: eine Nischengesellschaft? 65
Ein ehemaliger Lehrer erinnert sich an Alltag und Klima in der DDR der 80er Jahre:

„Wenn über die 80er Jahre gesprochen wird, taucht der Begriff Nischengesellschaft auf, das ist eine gute Charakteristik. Für junge Leute war das der Sport, die Disco, in zunehmendem Maße kirchliche Gruppen. Ich bemühte mich, mit meinem Schülern alles Mögliche zu unternehmen: große Fahrten, Jugendherbergsaufenthalte, Kirchenbesuche – immer unter dem Etikett der FDJ, nicht gegen sie; natürlich in der Hoffnung, daß niemand etwas anderes erzählt.
Lüge, Heuchelei, Ettikettenschwindel nahmen nicht nur auf Parteitagen und in den Medien zu – viele verfuhren nach dem Grundsatz der alten Römer: Mundus vult decipi, ergo decipiatur (Die Welt will betrogen werden, darum werde sie betrogen). Als junger Mensch verabscheute ich diesen Satz, in diesen Jahren habe ich nicht selten nach ihm gehandelt. Also keine kämpferischen Diskussionen über den 1. Mai und ähnliche Kampfdemonstrationen, sondern der Hinweis: Kommt alle, zieht das Blauhemd an – macht mir und euch keinen Ärger, es lohnt sich nicht. Auch das FDJ-Studienjahr in meiner 9 bzw. 10 übernahm ich selbst, war niemand sonst da, diskutierten wir offen und ehrlich. Kam offizieller Besuch, zogen wir eine Schau ab und hielten uns an die verordneten Themen."

Jürgen Fuchs/Gerhard Hieke: Dumm geschult? Ein Schüler und sein Lehrer, Berlin: Basis Druck Verlag 1992, S. 100 ff.

66 DDR-Jugend am Ende der 80er Jahre aus bundesdeutscher Sicht:

„Die heutige junge Generation in der DDR lebt mit einer größeren Unbefangenheit und auch Selbstverständlichkeit in diesem Staat, in den sie hineingeboren wurde und in dem sie aufgewachsen ist. Auf der Basis der erlernten Kenntnisse, ideologischen Grundpositionen und politischen Zielsetzungen
5 nutzen sie einerseits die sozioprofessionellen Möglichkeiten und artikulieren sie andererseits systemimmanente Ansprüche und Kritik und stoßen sich dabei immer wieder an den Diskrepanzen zwischen Theorie und Realität in vielen Bereichen des Alltags. Im ganzen wirken sie unverkrampfter und auch weniger ängstlich als ihre Vorgänger, ihre Eltern, die heutigen Erwachsenen.
10 (....) Für die Mehrheit der DDR-Jugendlichen sind Formen der unauffälligen Distanzierung eher typisch als extravagante Lebensformen einer Außenseiterszene. Jugend arrangiert sich, entzieht sich, entgleitet dabei eher unbemerkt. Die meisten funktionieren ohne spezielles Engagement, richten den Blick auf das jeweils aktuelle abgeforderte in zeitlich relativ kurzen Sequen-
15 zen (z. B. Schulabschluß, NVA, Berufsabschluß, Familiengründung). Weitreichende Zukunftsperspektiven treten dahinter zurück. Ähnlich wie die Erwachsenen, streben sie nach dem kleinen (bürgerlichen) Glück mit Auto, Haus und Datsche."

Aus: Barbara Hille, Jugend und Jugendpolitik in der DDR. Eine kritische Zwischenbilanz. In: Die DDR in der Ära Honecker. Politik – Kultur – Gesellschaft. Hrsg. von Gert-Joachim Glaeßner. Opladen: Westdeutscher Verlag 1988, S. 464 f.

67 Identifikation von DDR-Jugendlichen mit ihrem Staat

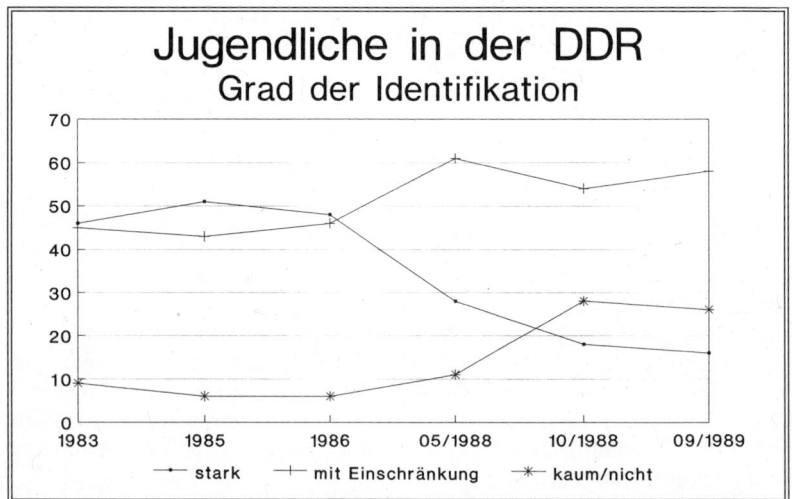

Nach: P. Förster/G. Roski: DDR zwischen Wende und Wahl. Meinungsforscher analysieren den Umbruch, Berlin: LinksDruck Verlag 1990, S. 39

Erfahrungen von DDR-Jugendlichen mit ihrer Gesellschaft 68

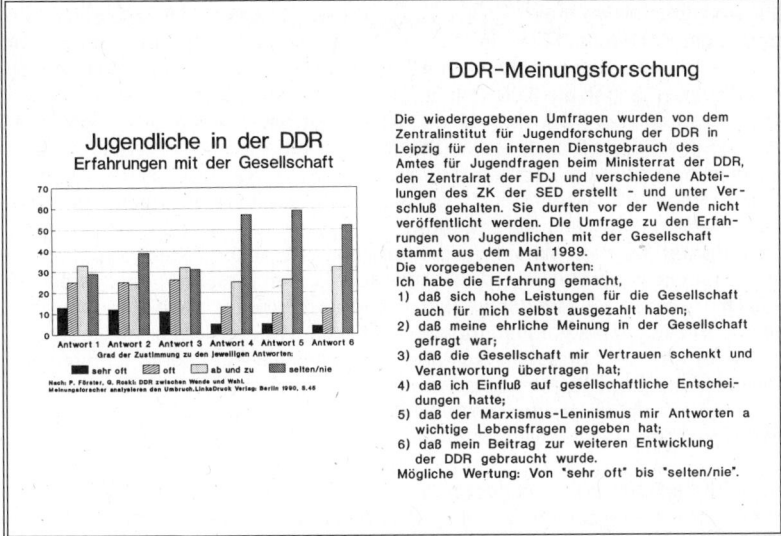

Nach: P. Förster/G. Roski: DDR zwischen Wende und Wahl, S. 45

4.3. DDR-Friedensbewegung: Die Opposition sammelt sich

Am 12.12.1979 fiel der NATO-Doppelbeschluß, von Bundeskanzler Schmidt schon 1977 aufgrund der in Mitteleuropa vorhandenen „Unterlegenheit" der NATO gegenüber dem Warschauer Pakt auf dem Gebiet der Mittelstreckenraketen angeregt. Die UdSSR hatte 1977 mit der Installation der landgestützten SS-20-Mittelstreckenraketen begonnen, ohne daß dem die NATO etwas Gleichwertiges entgegenzusetzen hatte. Gleichzeitig kündigte sich im Rahmen von SALT II eine Reduzierung des amerikanischen strategischen Potentials an. Nach der damaligen NATO-Strategie der „Flexible Response" – für jede Eskalationsstufe und Waffengattung des Warschauer Paktes sollte eine quantitativ und qualitativ entsprechende „Antwort" bereit gehalten werden – klaffte also eine „Abschreckungslücke".
Parallel dazu hatte sich das politische Klima zwischen den Supermächten merklich abgekühlt seit dem Amtsantritt von Ronald Reagan 1980 und der seither von ihm verfolgten Hochrüstungspolitik. Die (drohende) Stationierung von atomaren Mittelstreckenraketen in beiden Teilen Deutschlands durch die beiden Supermächte mobilisieren in beiden Landesteilen viele Menschen zu (friedens-)politischem Engagement. In Westdeutschland gingen Hunderttausende auf die Straßen, wurde der NATO-Doppelbeschluß zu einer Zerreißprobe für die Parteien und die SPD/FDP-Regierungskoalition, führte zu einem weiteren Glaubwürdigkeitsverlust der etablierten Parteien und trug mit zur Gründung einer

Grünen Partei bei, die 1983 erstmals in den Bundestag einzog. Der beschloß im November 1983 dennoch die Durchführung der Raketenstationierung. Die ostdeutsche Friedensbewegung konnte 1983 nicht auf die Straße gehen, sie ging in die Kirchen, auf die Kirchentage, zu Friedenswerkstätten. Neu war: Für DDR-Verhältnisse unvorstellbar viele Menschen setzten offen ihr „Schwerter zu Pflugscharen" gegen die SED-Politik „Der Friede muß bewaffnet sein" – eine Art Quantensprung der DDR-Opposition. Nicht länger waren es nur prominente und deshalb geschützte Einzelne, die Kritik formulierten. Plötzlich entstanden überall kleine oder größere Gruppen, die schnell nicht nur friedenspolitische Themen diskutierten und schließlich auch die Frage nach dem „inneren Frieden" der DDR stellten – die Partei ließ sie gewähren.

Die Autorität der alten Männer an der Spitze von Staat und Partei begann sichtlich zu bröckeln, der Respekt, die Angst war bei vielen verschwunden. Selbst die Stasi hatte einen Teil ihres Schreckens verloren. Man belächelte die „unauffälligen" Zaunzeugen bei Veranstaltungen kirchlicher Friedenskreise. Im Gegenteil: Das Mißtrauen der herrschenden Partei gegen seine Bürger fiel zunehmend auf die Partei und ihren Staat zurück. Zunehmend verbreiteten sich die Zweifel in die Regierungsfähigkeit der greisen Parteiführung. Viele, vor allem junge Menschen zweifelten, ob die Partei wirklich die richtigen Antworten auf die Fragen der Zeit kannte.

Als Gorbatschow und damit das große Vorbild UdSSR 1985 aufgrund ganz ähnlicher Zweifel energisch mit seinem Reformprogramm begann, wurde es einsam um die Alten in Wandlitz. Ironisch wurden SED-Parolen nun gegen die Partei gekehrt: „Von der Sowjetunion lernen heißt siegen lernen" – eine Aufforderung an die Partei, von Gorbatschow zu lernen und Reformen zuzulassen.

Die in den Friedensgruppen diskutierten Themen überschritten rasch den engen Bereich der Rüstung, wandten sich dem Umweltschutz zu, den Rechten von Minderheiten (z. B. der Homosexuellen). Unter dem Schutz der evangelischen Kirche und im Dunstkreis überall im Land entstehender Friedensgruppen bildeten sich die Keimzellen einer Protestbewegung, die im Herbst 1989 zu einer ebenso kurzen wie wirkungsvollen Blüte kam.

69 „Der Friede muß bewaffnet sein" – Das SED-Friedenskonzept

Aus dem Rechenschaftsbericht von Partei- und Regierungschef Erich Honecker an den X. Parteitag der SED:

> „Sozialismus und Frieden sind wesenseins. Niemand verdient bei uns an der Rüstung, niemand ist daran interessiert, sich an fremden Gebieten und Rohstoffquellen zu bereichern, die souveränen Rechte anderer Völker zu beugen. Das Werk des sozialistischen Aufbaus geht aus der fleißigen, schöpferischen
> 5 Arbeit der Menschen hervor, und damit es immer besser seine Früchte für alle tragen kann, braucht es den Frieden ...
> Die Deutsche Demokratische Republik verfolgt auch weiterhin konsequent ein klares Friedenskonzept. Es vereint konstruktive Schritte zur Friedenssicherung mit dem, was für die militärische Verteidigung unseres sozialisti-
> 10 schen Vaterlandes notwendig ist. Wenn die bisher längste Friedensperiode unseres Jahrhunderts in Europa andauern soll, dann muß es gelingen, wäh-

Vorsicht Spielzeug   **70**

Um die SED-Zensur zu umgehen, wurden Drucke wie diese mit einfachsten Verfahren – z.B. Kartoffeldruck – während der „Friedenswerkstätten" hergestellt und verteilt. Diesen Druck hat der Autor 1983 von der Ostberliner Friedenswerkstatt in den Westen „geschmuggelt".

rend der 80er Jahre eine Wende zur Abrüstung zu erreichen. Es muß gelingen, die Konfrontationspolitiker der NATO in die Schranken zu weisen und ihre Vorhaben zu durchkreuzen. Nicht in Kriegsangst sollen die Völker ihrer täglichen Arbeit nachgehen, sondern in gesichertem Frieden, der schließlich zu ihrer normalen Lebensform werden soll. Darauf ist unsere Politik gerichtet."

Zit nach: Kunst ist Waffe, Frieden ist kein Sein, sondern Tun. Prosa, Lyrik, Lieder – Material für die sozialistische Feiergestaltung, zusammengestellt und herausgegeben von Christa Bräuer, Leipzig: Zentralhaus Publikation 1982, S. 3

Ausgebürgert! – Ein westdeutscher Journalist 1983 zur Lage der DDR-Opposition: **71**

„Wie alles anfing? Vielleicht im Herbst 1976, als der Liedermacher Wolf Biermann hinterrücks von den DDR-Behörden ausgebürgert wurde, als damals der evangelische Jugenddiakon Auerbach und der Havemann-Freund Jürgen Fuchs aus Jena festgenommen und später abgeschoben wurden, oder als der Student der Wirtschaftswissenschaften Roland Jahn wegen seines Protestes zugunsten Biermanns exmatrikuliert und zum Hilfsarbeiter degradiert wurde. Vielleicht auch fünf Jahre später, als im April 1981 der 24jährige Jenaer Matthias Domaschk während eines Polizeiverhörs unter rätselhaften

Umständen zu Tode kam, als danach sein Freund Michael Blumhagen wegen einer Gedenkplastik für den Toten in die Mühlen der DDR-Bürokratie geriet, (...). Vielleicht begann es für manche Älteren schon mit den Ereignissen von 1968, wahrscheinlich bei allen zugleich aber aus der Summe der alltäglichen Ärgernisse, der Militarisierung des DDR-Lebens, bei der für Kinder schließlich ›nur noch Kriegsspielzeug wirklich billig zu kaufen ist‹, wie die aus Jena stammende Krankenschwester Dorothea Rost anmerkt.

Man muß sich die Mosaiksteinchen zum Entstehen einer solchen Friedensgemeinschaft in Jena einzeln zusammenklauben. Zwischen dem früh vertriebenen Auerbach und dem zuletzt gekommenen Jahn liegen sieben Jahre unterschiedlicher Erfahrung, liegt das Ende der siebziger Jahre gefundene, halbwegs erträgliche Arrangement zwischen Kirche und Staat in der DDR. Dazwischen liegt die Entstehung (der) meist am Rande kirchlicher Arbeit sich entfaltenden Friedensgruppen auch in anderen Städten: In Ost-Berlin, Rostock, Dresden, Halle, Weimar, Schwerin, Cottbus, Suhl. Dazwischen liegen viele Hoffnungen, weil der SED-Generalsekretär Erich Honecker und seine Parteipresse Friedensbewegungen so oft über den grünen Klee gelobt hat – freilich nur soweit sie westlich sind. Und schließlich gibt es Verbitterung um immer neue Festnahmen, Verurteilungen, Abschiebungen von Freunden aus der näheren oder weiteren Nachbarschaft. Nirgends ist dies präziser zu beobachten als in Berlin (West), wo die politisch Vertriebenen aus Jena zumeist gelandet sind (...). An die 20 Väter, Mütter und Kinder sind kurz vor Pfingsten auf einen Schlag aus Jena eingetroffen. Es hatte sich zuletzt zugespitzt in der kleinen DDR-Stadt, nach einer öffentlichen Gedenkminute für den Frieden an Heiligabend vorigen Jahres, nach einer rigorosen Verhaftungswelle im Februar dieses Jahres, nach weiteren Aktionen im März und einer internationalen Diskussion über die Vorgänge in Jena, die einer um Reputation in der Staatenwelt notorisch bemühten DDR-Führung erkennbar schwer im Magen lag. Fast erstaunlich, daß in einem Staat, in dem schließlich ›Recht und Ordnung herrscht‹ (so der stellvertretende Rostocker Oberbürgermeister gegenüber einer DDR-Friedensgruppe), sich Roland Jahn, ›ein Typ, der einfach tut, was er fühlt‹ (so seine Freunde) derart ausdauernd behaupten konnte.

Immerhin, am 1. Mai vorigen Jahres hatte sich der 29jährige neben die Parade der Werktätigen gestellt, die eine Gesichtshälfte braun geschminkt, die andere rot, über der einen Hälfte ein Stück Hitlerfrisur, über der anderen Gesichtsseite ein Stalin-Schnauzbart: Ende August war er mit einer Solidarnosc-Flagge am Fahrrad durch die Straßen von Jena gefahren, darauf die mehrfach zu verstehende Parole: ›Solidarität mit dem polnischen Volk‹; auf einer staatlich organisierten FDJ-Friedenskundgebung hatte er zuletzt sogar für ein paar Sätze das offizielle Veranstaltungsmikrophon in die Hand bekommen.

Auf fast hundert Personen wird die Westberliner Kolonie ehemaliger Jenaer mittlerweile geschätzt, davon knapp die Hälfte aus dem engeren Kreis der

Friedensfreunde dieser Stadt. Auch von den vor Jahren bereits Vertriebenen gingen viele lieber heute als morgen wieder in ihre Heimat zurück."

Frankfurter Rundschau, 12.7.1983, S.3

Abrüstungs-Appell 72
Der Abrüstungs-Appell von SED-Veteranen an Erich Honecker wurde der Berliner „tageszeitung" über West-Berliner Mitglieder der Vereinigung der Verfolgten des Naziregimes (VVN) zugeleitet. Die Autoren – eine Gruppe von SED-Veteranen in der DDR – wollten zum Schutz vor Repressalien anonym bleiben.

„Mit Sorge stellen wir fest, daß (...) erneut das Dilemma unserer Politik (...) sichtbar wird. Reichen doch unsere eigenen Erfahrungen zurück bis in die 30er Jahre, wo wir durch eine falsche, vom kommunistischen Hochmut getragene Taktik, unfähig waren zur Herstellung der einheitlichen Aktion gegen Hitler. Die Folgen sind bekannt. (...) Nach ihrem Gespräch mit Hans-Jochen Vogel [Vorsitzender der SPD-Bundestagsfraktion] am Werbellinsee ergingen sich die Medien hüben wie drüben in Elogen. Hoffnungen wurden geweckt, Spekulationen gemacht. Das ist verständlich angesichts des atomaren Infernos, das von gewissenlosen Politikern jenseits des Ozeans ganz offen proklamiert wird. Wir schätzen es, daß Sie immer wieder an Besonnenheit und Vernunft appellieren und an das Wort unseres verehrten Genossen Wilhelm Pieck erinnern: ›Nie wieder darf von deutschem Boden ein Krieg ausgehen‹. Indessen ist aber Deutschland nicht die Welt, und als Antwort auf die Kriegshysterie des amerikanischen Präsidenten spricht jetzt die Sowjetregierung auch von der Notwendigkeit, Raketen mittlerer Reichweite in der DDR, Polen und (der) CSSR aufzustellen. (...) Eine entsetzliche Wahrheit beschäftigt die Menschen unserer Tage: Mehr und mehr **abschrecken** heißt mit Sicherheit **verrecken**! Der Punkt scheint erreicht, wo die Angst vor dem Schrecken bei den Regierenden nicht mehr greift (...). Ist es dann verwunderlich, wenn immer weniger der Stimme von Diplomaten, Regierungen und Militärblöcken Vertrauen schenken und sich die Erkenntnis durchsetzt, daß es im Grunde nur noch eine letzte große Chance gibt, das kostbare Lebenselixier ›Frieden‹ zu bewahren: eine weltumspannende Gemeinschaft aller Menschen aufrichtigen Willens, den Rüstungswahnsinn zu beenden. Wir Kommunisten sollten dies vor allem verstehen und daraus die richtigen Schlüsse ziehen. Auf dem IX. Schriftsteller-Kongreß hat Stephan Hermlin diese mächtige Friedensbewegung als eine alle Klassen, Rassen, Religionen und Parteien übergreifende Bewegung dargestellt, ›der ein jeder beitreten könne‹. Wir fragen: kann er das wirklich in der DDR? Kann er das als Christ, Pazifist oder selbst als Sozialist mit eigenen kritischen Gedanken? Kann er vor allem dort auch seine eigene Meinung und seine Erfahrungen einbringen? Warum werden in der DDR, wie in Jena geschehen, junge Pazifisten aus der Staatsbürgerschaft entlassen und nach dem Westen abgeschoben? Wenn dies Schule machen sollte, dann braucht man in unserer Republik nur pazifisti-

35 sche Zirkel zu gründen, um Chancen für eine baldige Ausreise aus der DDR zu haben. Knast und Ausweisung können jedoch nicht die Alternative für den kritischen Friedensfreund sein. Wieviel Fälle Biermann, Fuchs, Winkler, Jahn und Genossen soll es bei uns noch geben? (...) Wann endlich werden Partei- und Staatsführung begreifen, daß mit einer solchen Politik unser
40 stärkstes Faustpfand leichtfertig verspielt wird, die politische Gewogenheit, Sympathie, aber auch Bereitschaft zur Friedensverteidigung von Millionen Menschen im kapitalistischen Ausland. Wer wirklich, wie wir Sozialisten, im Frieden das allerhöchste Gut der Menschheit sieht, muß dies auch glaubwürdig für die übergroße Mehrheit aller Menschen unter Beweis stellen können.
45 Nur so kann der wirkliche Feind, diese Minderheit der Kriegsmacher und -profiteure, in die Defensive gedrängt werden und ein Friedensfundament geschaffen werden, auf dem auch der Sozialismus gesichert ist. Wir rufen deshalb zur Umkehr, Genosse Honecker, es bleibt wenig Zeit."

die tageszeitung (taz), 1.7.1983, S.7

73 Friedenswerkstatt in Ostberlin 1983: „Frieden pflanzen" – von unten!
Die Berliner „taz" berichtet:

„Geplant war von der Kirchenleitung ein Berliner Ereignis. Aber es wurde mehr. Die ›Friedenswerkstatt‹ vor der Erlöserkirche in Ostberlin – in Sichtweite der Besetzerszene Kreuzbergs, direkt an der Mauer – hatte schon vorher eine große Öffentlichkeit. Die Beschränkung auf Berliner Friedensgrup-
5 pen blieb letztlich formal. Die Teilnehmer kamen aus allen Regionen der DDR. Auf eine bislang noch nie dagewesene Weise stellte sich die Basisbewegung dar, deren Engagement weit über das Friedensthema hinausgeht. Umweltschutzgruppen, Frauengruppen, Homosexuelle kamen zu Wort. Das Motto einer Podiumsveranstaltung am Sonntagnachmittag galt im Grunde
10 für das gesamte Treffen: ›Sprich mal frei‹. Teilnehmer berichteten, daß viel offener und direkter diskutiert wurde als bei früheren Begegnungen dieser Art. Die vielen Informationsstände und Diskussionsforen hatten eine weitaus größere Bedeutung als beispielsweise die Erklärungen der Kirchenvertreter zum Fall Jahn (siehe Text). In den Informationsständen gings auch um
15 das Elementare: Gesetzesblätter über Zivilschutz, über Sicherheitspolitik etc. (...) Auf einem solchen Diskussionsforum fand Horst Eberhard Richter [in der Friedensbewegung stark engagierter, westdeutscher Psychologie-Professor aus Gießen, A.G.] ein starkes Interesse, als er die Notwendigkeit betonte, daß die Herbstaktionen der westdeutschen Friedensbewegung
20 durch Aktionen innerhalb der DDR unterstützt werden müßten.
In der abschließenden Podiumsdiskussion wurde die innenpolitische Spitze der DDR-Friedensbewegung Hauptthema: Es ging nicht nur um Frieden, sondern auch um den ›Unfrieden in der DDR‹. (...) Wie wenig diese Selbstbeschränkung auf Berliner Gruppen dem Interesse der Teilnehmer entsprach,
25 zeigt das Thema Jena. Hier war das Informationsbedürfnis besonders groß,

Schwerter zu Pflugscharen **74**

Ein Schwert wird zur Pflugschar umgeschmiedet: Inoffizielle Aktion während des Kirchentages in Wittenberg im Oktober 1983 *Die Zeit, 49/1983 (M. Kunst)*

aber die Friedensgemeinschaft Jena hatte keine Möglichkeit zur Selbstdarstellung. Dennoch kam der Fall Jena zur Sprache. Bischof Forck nahm am Tisch der Synode dazu Stellung. Er warnte davor, an exponierter Stelle Friedensarbeit zu leisten, wenn man einen Ausreiseantrag gestellt hatte. Er kritisierte auch diejenigen, die sich von westlicher Presse als Führer der DDR-Friedensbewegung hochstilisieren lassen. Gleichwohl war es nicht die brüske Distanzierung, die die westliche Presse und das Fernsehen kolportiert haben. Er wies darauf hin, daß sich die Kirchenleitung und insbesondere der Thüringer Bischof Leich für Roland Jahn einsetzen wird, wenn dieser schriftlich seinen Willen zur Rückkehr bekunde."

die tageszeitung, 5.7.1983, S. 1, 5

Die Grenzen des Möglichen in der DDR **75**
Die Frankfurter Rundschau berichtet über den Dresdener Kirchentag 1983:

„›Also, zunächst muß man wissen: In der DDR gibt es nichts, was es nicht gibt. Ich hüte mich seit langem vor Verallgemeinerungen.‹" Die These Schön-

herrs [ehemaliger Bischof von Berlin Brandenburg und ehemaliger Vorsitzender des DDR-Kirchenbundes] gilt auch für die Arbeit christlicher Friedensgruppen in der DDR. Hatte auf dem Rostocker Kirchentag eine Gruppe christlich gesinnter Jugendlicher berichtet, wie sie während einer Friedensdemonstration von Ordnern der SED abgedrängt wurden, so gab in Dresden eine Gruppe aus Zittau bekannt: Bei der Pfingstdemonstration, also zur gleichen Zeit, habe man als ›offizieller Block‹ teilnehmen können mit eigenen, vorher nicht genehmigten Plakaten, freilich hinter dem Demonstrationszug marschierend. Die Plakate trugen Losungen, die bisher noch bei keiner offiziellen Kundgebung gezeigt wurden: ›Kriegsspielzeug? Eltern haften für ihre Kinder‹ - ›Für Friedenserziehung in den Schulen‹ - ›Für wehrhaften und nicht wehrhaften Frieden in Ost und West‹ - oder ›Gegen Waffen Frieden schaffen‹ (An der Spitze der Demonstration waren FDJ-Gruppen mit der Parole ›Gegen NATO-Waffen Frieden schaffen‹ marschiert). (...) Daß es einmal einen Kirchentag mit soviel Teilnehmern - die Schätzungen liegen zwischen 80 000 und 120 000 bei der Schlußkundgebung - geben könnte, galt vor ein paar Jahren noch als ausgeschlossen. (...) Jetzt machten sie der 500. Geburtstag Martin Luthers und das gewandelte Luther-Bild der herrschenden SED möglich. (...) Johannes Cieslak, Präsident der sächsischen Landessynoden und Hauptorganisator des Kirchentages, sprach vor Journalisten denn auch von ›einem mittelgroßen Wunder‹. Er meinte damit, daß der Staat über seinen Schatten gesprungen sei. Die Kirche habe eine Unterstützung ›wie noch nie‹ erfahren. (...) Die staatliche Seite hatte gar - auch das gibt es in der DDR eigentlich nicht - darauf verzichtet, die gedruckten und ausgelegten Texte vorher genehmigen zu lassen. Man hatte die Kirche freilich daran erinnert, daß es in der DDR Gesetze gebe, an die sich zu halten sei. So schritt die Kirchentagsleitung denn auch gegen alles ein, was sie selbst nicht vorher gutgeheißen hatte (...). Westliche Journalisten sprachen gleich von ›kirchlicher Selbstzensur‹, hatten aber dabei wohl vergessen, daß die DDR nun einmal nicht im Westen liegt. Die Staatsmacht hielt sich auch sonst zurück. (...)
Wie in Dresden über Fragen des Umweltschutzes gesprochen wurde, das gibt es in der DDR eigentlich auch nicht. (...) Da berichtete ein Diakon aus einem Dorf im Bezirk Leipzig, die Luftverschmutzung sei so stark, daß Kinder schon im ersten Lebensjahr an Bronchialasthma litten, daß es dort weder Birken noch Pappeln gäbe, daß die vorhandenen Blattpflanzen zusammengerollte Blätter hätten. (...) Die Fragen des Umweltschutzes haben auf dem Dresdener Kirchentag jenes Problem auf einen hinteren Rang verwiesen, das sonst bei kirchlichen Veranstaltungen oft im Mittelpunkt steht: das eigenständige Eintreten für den Frieden. Daß freilich beide Fragen zusammenhängen, machte die Veranstaltung unter dem Thema ›Unsere Enkel wollen auch leben‹ dennoch deutlich. Dort war auf einer Schrifttafel zu lesen ›Erstes Gebot des Umweltschutzes: Abrüsten‹. (...) Eine Friedensgruppe aus der Elbestadt Riesa hatte sich violette Halstücher besorgt, um so ihre Solidarität

mit jenen deutlich zu machen, die auf dem Kirchentag in Hannover für den
Frieden eintraten (...) In Dresden herrschte eine heitere und gelassene Stimmung, obwohl man mit großem Ernst diskutierte. Freilich, der Konsistorialpräsident der Berlin-Brandenburgischen Kirche, Manfred Stolpe, sorgte sich
öffentlich, daß man bei manchen Fragen an die Grenze dessen gestoßen sei,
was in der DDR möglich ist. Auch wenn er es nicht ausdrücklich sagte: seine
Sorge war unüberhörbar, daß für den Fall, diese nicht bestimmbare Grenze
würde von der Kirche überschritten, es etwas in der DDR nicht mehr oder
doch nur eingeschränkt geben könnte: die Vielfalt kirchlicher Aktivitäten.
Dabei vollführen die Kirchen in der DDR ohnehin einen schwierigen Balanceakt zwischen der Bereitschaft, ›Kirche für andere zu sein‹ und der Gefahr,
die ›Kirche der anderen‹ zu werden, der Ausreisewilligen etwa oder der
Oppositionellen."

Frankfurter Rundschau, 12.7.1983, S. 3

Bedeutung der DDR-Friedensbewegung für die „Wende" 76
Nach dem Fall der Mauer urteilt der Sozialwissenschaftler Hubertus Knabe, ein
Kenner der DDR-Friedensbewegung und Friedensbewegten, rückblickend:

„Identitätsbildend wirkte diese Entwicklungsgeschichte der kritischen Gruppierungen in der DDR vor allem in zweierlei Hinsicht: Zum einen hatte die
dominante Rolle der evangelischen Kirchen starken Einfluß auf Bewußtsein
und Gestalt der Opposition genommen; christliche Überzeugungen, religiöse
Handlungsmuster sowie nicht zuletzt die materiellen und personellen Ressourcen der Kirchen spielen eine bedeutende Rolle. So ist es kein Zufall, daß
die Oppositionsparteien SDP (die 1989 gegründete Sozialdemokratische Partei in der DDR, A.G.) und DA (Demokratischer Aufbruch, 1989 in der DDR
gegründet und später mit der CDU verschmolzen, A.G.) vornehmlich von
kirchlichen Mitarbeitern gegründet wurden, und ohne die regelmäßigen Friedensgebete in Leipzig wäre es wahrscheinlich nie zur Entstehung der
Demonstrationsbewegung im Herbst 1989 gekommen. Auch die strikte
Gewaltfreiheit der Massenproteste und die starke Akzentuierung sozialethischer Orientierungen dürften in christlich-kirchlichen Prägungen wurzeln.
Zum anderen ist die DDR-Opposition gekennzeichnet von einem Selbstverständnis, das man mit dem ungarischen Romancier György Konrad als ›Anti-Politik‹ bezeichnen könnte und das für die informellen Gruppen der neuen
sozialen Bewegungen insgesamt kennzeichnend ist: Sie sind kulturorientiert
statt machtorientiert, basisdemokratisch statt zentralistisch, reaktiv statt
offensiv; sie thematisieren eher Einzelthemen und -konflikte als globale Politikstrategien. Hier wurzelt ein Großteil der Schwierigkeiten der DDR-Opposition, das von den zerfallenden Institutionen hinterlassene Machtvakuum
zu füllen."

Hubertus Knabe: Politische Opposition in der DDR, aus: Politik und Zeitgeschichte,
Beilage zur Wochenzeitung Das Parlament, 5.1.1990, S. 22 f.

4.4. Bonn setzt in den 80er Jahren auf Normalisierung und Stabilität

Die offizielle Politik in Bonn und Ostberlin wollte oder konnte jene untergründigen Gärungen der 80er Jahre nicht wahrnehmen. Erich Honecker hatte 1987 Bonn besucht und damit seine Politik gekrönt: Die Existenz eines zweiten deutschen Staates schien unumkehrbar. Nur ein kleiner Schritt schien damals die DDR noch von der vollen völkerrechtlichen Anerkennung auch durch die BRD zu trennen. Unbemerkt blieb auf westdeutscher Seite die Wirkung, die ein unscheinbares SPD-SED-Papier, im August 1987 veröffentlicht, innerhalb der DDR entfaltete. Denn in „Der Streit der Ideologien und die gemeinsame Sicherheit" hatte die SED erstmals den bisherigen Anspruch aufgegeben, **alleine** die richtige Konzeption zur Erklärung der Welt zu haben, und Reformer oder Sozialdemokraten als Partner bei der Bemühung um Friedenssicherung akzeptiert. Ein schleichender Rückzug, im Westen kaum bemerkt, in der DDR aber von vielen als Hebel erkannt, um nun auch innerhalb der DDR das SED-Macht- und Meinungsmonopol aufzubrechen und auf die Zulassung SED-unabhängiger Bürgervereinigungen oder gar Parteien hinzuarbeiten – bisher in der DDR undenkbar. Unbeschadet davon gaben sich westdeutsche Politiker in Berlin-Ost fast die Klinke in die Hand, wobei Regierungs- und Oppositionspolitiker aus Bonn ausschließlich Kontakte mit der herrschenden SED suchten. Die Bonner Emissäre nutzten dabei die notorisch defizitäre DDR-Wirtschaft und den Devisenmangel der DDR: Durch immer neue Kredite stützten sie die marode DDR-Wirtschaft, um so humanitäre Erleichterungen für DDR-Bürger und DDR-Reisende zu erkaufen. Unbeirrt hielten beide deutsche Regierungen auch dann an dem Kurs der Normalisierung der deutsch-deutschen Beziehungen fest, als sich die Lage im Sommer 1989 immer mehr zuspitzte.

Noch im Herbst und nach der Maueröffnung im November 1989 dachten in der Bundesrepublik führende Politiker darüber nach, wie der für die Bundesrepublik teure und für die DDR lebensgefährliche Flüchtlingsstrom zu stoppen wäre durch finanzielle Anreize für die, die in der DDR bleiben, um so das sorgfältig austarierte politische Gleichgewicht in Mitteleuropa zu erhalten. Die meisten Politiker dachten auch weiterhin in den seit Jahrzehnten scheinbar unverrückbaren Kategorien des Kalten Krieges, die sich alle zurückführen ließen auf eine simple Tatsache: Trennung der Welt und damit auch Deutschlands in Ost und West.

Selbst die Kenner der Ostpolitik wurden von der 1989 mit einem Schlag offenbar werdenden tatsächlichen Schwäche des gesamten Ostblocks völlig überrascht – und die Regierenden auf dem falschen Fuß erwischt. Weitgehend untätig und ohnmächtig beobachtete die westliche Politik monatelang das Implodieren der DDR und anderer Ostblockstaaten, den immer rascheren Fall bisher unantastbar scheinender Tabus und Grenzen, die immer raschere Folge „historischer" Ereignisse.

Strauß: ›Eigentlich darf ich Ihnen das gar nicht sagen, Herr Schalck...‹ **77**
Die Berliner Morgenpost berichtet 1994 über die Ergebnisse einer Untersuchung bisher unbekannter SED-Akten:

„Auch die Union hatte sich 1975 mit der deutschen Teilung abgefunden, und entsprechend gestalteten sich ihre Beziehungen zur DDR. Das geht aus den gestern veröffentlichten SED-Akten hervor, die auch der Enquete-Kommission des Bundestages zur Untersuchung der DDR-Vergangenheit bekannt sind.
Der langjährige CDU-Schatzmeister Walther Leisler Kiep sagte am 15. Januar 1975 vor SED-Funktionären in Ost-Berlin, daß eine CDU-Regierung keine andere Ostpolitik betreiben würde als die SPD-FDP-Koalition. Für die CDU hätten die mit der DDR und den anderen sozialistischen Staaten ›abgeschlossenen Verträge volle Gültigkeit‹, heißt es im Protokoll. ›Es könne sich nur um Nuancen bei der Durchführung handeln.‹
Kiep betonte, daß es ›zur Politik der friedlichen Koexistenz keine Alternative gibt‹. Er fügte laut Protokoll hinzu: ›Wir sollten verstehen, daß es einen Unterschied gibt zwischen Aussagen von CDU-Politikern im Wahlkampf und in der Auseinandersetzung mit der gegenwärtigen Regierungskoalition auf der einen Seite und der politischen Konzeption der CDU/CSU im Hinblick auf eine mögliche Regierungsübernahme andererseits.‹
Im Juni 1977 bekräftigten CSU-Politiker in Spoeck bei Rosenheim gegenüber dem ZK-Sekretär für Wirtschaftsfragen, SED-Politbüromitglied Günter Mittag, die Union werde ›an der Politik der Verträge festhalten‹. ›Die Ostpolitik sei von Adenauer eingeleitet worden. Brandt und Bahr hätten sich nur die Meriten an den Hut schreiben lassen‹, heißt es laut Protokoll.
Am 8. Juni 1983 versicherte Kanzleramtsminister Philipp Jenninger (CDU) laut Protokoll dem ZK-Mitglied für internationale Beziehungen, Politbüromitglied Hermann Axen, Bundeskanzler Helmut Kohls Interesse an einer ›Weiterentwicklung der Beziehungen‹ mit der DDR. Der gewährte Kredit solle dies signalisieren. (...) Am 10. Juni 1985 zog CSU-Chef Strauß nach einem Gespräch mit DDR-Devisenbeschaffer Alexander Schalck-Golodkowski das Resümee: ›Eigentlich darf ich das Ihnen gar nicht sagen, Herr Schalck, aber nehmen Sie das mal mit, ich und meine politischen Freunde sind froh darüber, daß Erich Honecker als Staatsratsvorsitzender und Generalsekretär der Partei die Geschicke der DDR leitet. Wir hoffen, daß dies noch für viele Jahre der Fall ist.‹"

Berliner Morgenpost, 14. 2. 1994, S. 3

Aus dem gemeinsamen Kommuniqué über den Besuch Honeckers in der BRD **78**
1987

„Unter Berücksichtigung der Gegebenheiten und unbeschadet der Unterschiede in den Auffassungen zu grundsätzlichen Fragen, darunter zur nationalen Frage, ist es die Absicht beider Seiten, im Sinne des Grundlagenvertrages normale gutnachbarliche Beziehungen zueinander auf der Grundlage der Gleichberechtigung zu entwickeln und die Möglichkeiten des Vertrages weiter auszuschöpfen. Es bestand Übereinstimmung, das Erreichte unter Beachtung des Grundsatzes zu bewahren und auszubauen, daß beide Staaten die Unabhängigkeit und Selbständigkeit jedes der beiden Staaten in seinen inneren und äußeren Angelegenheiten respektieren. Verständigungswille und Realismus sollen Richtschnur für eine konstruktive, auf praktische Ergebnisse gerichtete Zusammenarbeit zwischen beiden Staaten sein. (...) Bundeskanzler Kohl und Generalsekretär Honecker behandelten eingehend die Frage des Reise- und Besucherverkehrs einschließlich der Reisen in dringenden Familienangelegenheiten. Sie würdigten die bisher erzielten Fortschritte und bekräftigten die Absicht, auf weitere Verbesserungen und Erleichterungen im Interesse der Menschen hinzuwirken. Sie begrüßten die zwischen den Verkehrsministern beider Staaten getroffene Vereinbarung über Fahrpreisermäßigungen im gegenseitigen privaten Reiseverkehr sowie im Transitverkehr zwischen der Bundesrepublik Deutschland und Berlin (West) auf den Strecken der Deutschen Bundesbahn und der Deutschen Reichsbahn. (...) Bundeskanzler Kohl und Generalsekretär Honecker stellten mit Befriedigung fest, daß sich die Wirtschaftsbeziehungen zwischen beiden deutschen Staaten in den letzten Jahren insgesamt positiv entwickelt haben."

Aus: Presse- und Informationsamt der Bundesregierung, Bulletin, Nr. 83, 10. 9. 1987, S. 711 f.

79 Wie hoch waren die Bonner Finanzhilfen für die DDR?
Unsicher ist immer noch angesichts der undurchsichtigen Quellenlage, wieviel Bonn genau an die DDR gezahlt hat – und wofür. Der „Spiegel" berichtet dazu Ende 1993:

„Die Bundesregierungen haben sich mit der SED viel weiter eingelassen als bekannt. Acht Milliarden Mark zahlte Bonn offenbar insgeheim für den Freikauf von DDR-Häftlingen – und hielt mit dem Geld das marode Regime am Leben. Auch die Kirchen verdienten beim Menschenhandel mit. Der Handel lief ab, als wärs die Mafia. Kein Vertrag, kein verräterisches Schriftstück. Die Vereinbarung wurde per Handschlag besiegelt wie auf dem Pferdemarkt. Ein Tarnname chiffrierte die geheimste deutsch-deutsche Aktion aller Zeiten: Kirchengeschäft B. Nur wenige Politiker in Bonn und Ost-Berlin waren eingeweiht in den widerlichsten Staatsdeal in 40 Jahren Bundesrepublik – den An- und Verkauf von Landeskindern der Deutschen Demokratischen Republik. ›Jeder Mitwisser‹, befand ein Bonner Minister, ›ist ein Wissender zuviel‹. Fast 34 000 Häftlinge ließ die DDR von 1965 an über die Demarkationslinie ziehen; hüben organisierte die Evangelische Kirche Deutschlands (EKD) das Geschäft, drüben der schwergewichtige Staatssekretär Alexander Schalck-Golodkowski, Oberst der Staatssicherheit, SED-Devisenbeschaffer und Chef des parteieigenen Firmenimperiums ›Kommerzielle Koordinierung‹ (KoKo).

Anfangs zahlte die Bundesregierung für jeden aus der DDR freigekauften 40 000 Mark, später exakt 95 847 Mark. Ost-Berlin kassierte genau 3,4369 Milliarden Mark und 12 Pfennige. So jedenfalls verbreiten es bislang die Herrschenden von Bonn.
In Wahrheit waren die Dimensionen weit größer: Die Akten des Bundesnachrichtendienstes, die Ende vorletzter Woche ›aus Versehen‹ (so der Staatssekretär im Bundesjustizministerium Ingo Kober) dem Bonner Schalck-Untersuchungsausschuß vor Augen kamen, machen offenbar, daß die Bundesregierungen dem SED-Regime für den Auskauf von DDR-Bürgern insgesamt acht Milliarden West-Mark gezahlt haben. Die Ironie: Bonn ließ sich 1965 auf den Freikauf ein, um den politischen Gefangenen in der DDR zu helfen. Doch die üppigen Milliarden stabilisierten zugleich die Diktatur in Deutschland-Ost. Ohne die gewaltige Summe wäre Erich Honecker vermutlich längst vor dem 40. DDR-Jahr bankrott gewesen. (...) Das letzte Geschäft West-Mark gegen Menschen wurde laut Schalck im November 1989 abgeschlossen – zu einer Zeit, als die DDR schon in Auflösung begriffen war. Preis der lebenden Ware: 65 Millionen Mark. (....) Stimmen ›Schneewittchens‹ Zahlen, müssen die Bundesregierungen über Jahrzehnte hinweg schwarze Kassen mit knapp fünf Milliarden Mark geführt und am Bonner Parlament vorbeigemogelt haben, ein klarer Verstoß gegen einschlägige Haushaltsvorschriften. (...) Die Bonner Großzügigkeit hatte noch eine weitere üble Folge: Der Verdacht, daß die Staatssicherheit zwecks Geldbeschaffung nach Gutdünken verhaften und die Gefängnisse füllen ließ, führte bereits, etwa in Magdeburg, zu Strafverfahren gegen Richter und Staatsanwälte. Die Juristen hätten als ›Kollektiv unter Führung der Stasi‹, so die Staatsanwaltschaft, ›durch übermäßige Strafen gegen Ausreisewillige zum Freikaufkomplott der DDR beigetragen. (...) Vor dem Schalck-Untersuchungsausschuß nannte der Magdeburger Oberstaatsanwalt Wolfram Klein Einzelheiten dieses Geschachers. Wer an die Wohnungstür mit Lippenstift das Wort ›Freiheit‹ malte und daneben einen Neuseeland-Prospekt aufhing, zahlte dafür einen hohen Preis – ein Jahr und acht Monate Knast für den Ehemann, ein Jahr und vier Monate für seine Frau. (...) Klein: ›In diesem Bereich bewegten sich diese Verurteilungen.‹ Ein Staatsanwalt habe ihm frank und frei erklärt, auf Dienstbesprechungen sei stets die Weisung ausgegeben worden, ›in alle diesen Fällen‹ Strafen von mehr als einem Jahr zu verhängen. Begründung: ›Wenn ihr weniger verhängt, kriegen wir diese Modalitäten mit dem Freikauf nicht hin. Ihr müßt über ein Jahr verhängen.‹ Die Recherchen seiner Behörde, so Klein, zeigen eindeutig, daß die Zahl der ›Verhaftungen, Verhöre und Verurteilungen‹ seit Herbst 1983 ›sprunghaft‹ angestiegen sei. 1983 gilt als ein Schicksalsjahr in der DDR – führenden SED-Funktionären dämmerte, daß ihr Staat in den Konkurs trieb."

Der Spiegel, 50/1993, S. 18–21. Vergl. zum gleichen Thema auch Der Spiegel 51/1993 S. 28/29

4.5. Die SED in der Defensive – die Opposition wird stärker

Einige, zumindest die jüngeren Mitglieder des Politbüros ahnten in den 80er Jahren den drohenden Bankrott der Wirtschaft und wußten, wie sehr die SED im Volk an Vertrauen, Glaubwürdigkeit und Respekt verloren hatte. Die Furcht vor dem Machtverlust ließ die Anstrengung ins Absurde wachsen, durch ein allgegenwärtiges staatliches Spitzelnetz jeden Versuch der Opposition schon im Ansatz zu erkennen. Hunderttausende von „Inoffiziellen Mitarbeitern" saßen in jeder Friedensinitiative, in jeder Betriebsgruppe, in jedem Literaturzirkel, an jedem Stammtisch mit am Tisch oder hielten als Kellner die Ohren offen und ihre Führungsoffiziere aus dem Ministerium für Staatssicherheit (MfS) auf dem laufenden, wie das Volk über die Herrschenden dachte. Genauso belauschte das MfS routinemäßig oder gezielt Telefongespräche, hörte Wohnungen interessanter Personen ab, beobachtete, öffnete Briefe, Päckchen. Die Parteiführung hätte also wissen können – wollte sie noch wissen, wie es wirklich um das Land stand? Denn die Parteiführung hatte sich nicht nur – ähnlich wie das MfS in der Berliner Normannenstraße – räumlich in Wandlitz hinter hohen Mauern vom Staatsvolk abgesondert. Vielmehr hatten sich viele der fast durchweg betagten Herren des Politbüros in eine vielleicht für sie selbst kaum mehr durchschaubare Mischung aus Betrug und Selbstbetrug hineingelebt, die sie zunehmend den Kontakt zur Wirklichkeit, zum eigenen Volk und zu den politischen Freunden verlieren ließ. Angesichts dieses Starrsinns der DDR-Führung um Erich Honecker resignierte selbst Michail Gorbatschow im Oktober 1989, als er die DDR zu ihrem 40jährigen Jubiläum besuchte und den seither vielzitierten Satz äußerte: „Wer zu spät kommt, den straft das Leben."

Angst war seit Bestehen der DDR ein wesentliches Disziplinierungsmittel. Seit ihrer Gründung hatte sich die SED – wie 1953 – auf die militärische Macht der Roten Armee verlassen können. Seit Gorbatschows Amtsantritt 1985 hatte jedoch diese Drohung zusehends an Wirksamkeit verloren. Mehr noch: Gorbatschow schien gewillt, die Bruderparteien im Ostblock ebenfalls eigene Wege gehen zu lassen, um so wenigstens den Zusammenhalt des Ostblocks unter der Vorherrschaft der KPdSU und die Einheit der Sowjetunion zu erhalten. Ohne die Bereitschaft der Roten Armee zur bewaffneten Unterstützung der regierenden Sozialisten im Ostblock hatte die SED ihre wichtigste Stütze verloren.

Zugleich schwächten „Glasnost" und „Perestroika" den inneren, ideologischen Halt der SED, da Gorbatschow viele bisher unantastbare ideologisch-politische Positionen in Frage stellte oder, wenn als überholt bewertet, über Bord warf. Das mußte – angesichts der äußerst engen Bindung der SED an die KPdSU – notwendigerweise auch auf die SED einen enormen Reformdruck ausüben, dem sie sich durch Abkapselung gen Osten zu entziehen suchte. So verbot sie z. B. 1988 die deutsche Ausgabe der sowjetischen und reformfreundlichen Zeitschrift „Sputnik" in der DDR.

Ein Zwei-Fronten-Krieg: Aus dem Osten bedrohten Gorbatschows Reformen die bisherige Legitimationsbasis der SED-Diktatur, im Westen lockte via TV der schillernde, erfolgreiche Kapitalismus, der das an materiellem Wohlstand zu bieten schien, was die SED bisher nur versprochen, nie aber gehalten hatte. Die SED-Wirtschaft stand vor dem Bankrott, der durch immer neue West-Kredite nur hinausgezögert, nicht aber abgewendet werden konnte. Die SED hatte bereits mit dem Ausverkauf des Landes begonnen, verkaufte quadratmeterweise altes Katzenkopf-Pflaster oder alte Gaslaternen nach Westdeutschland, wo es das längst nicht mehr gab und man gerne auf die günstigen DDR-Angebote einging, um Fußgängerzonen liebevoll zu restaurieren. Die eigenen, wenn auch inhaftierten Bürger wurden angesichts des chronischen Devisenmangels der DDR zur Handelsware im Austausch gegen harte D-Mark. Die SED-Führung hielt trotz allem am althergebrachten Kurs fest. Selbstbewußt erklärte DDR-Außenminister Fischer 1984, eine „Wiedervereinigung" könne es nicht geben, da sich das Volk der DDR unwiderruflich für den Sozialismus entschieden habe. Im irrigen Vertrauen auf die vermeintlich zwangsläufige Unterstützung aus Moskau, versuchte die SED, echte Reformen zu umgehen und die Unzufriedenen im Lande durch eine mehrgleisige Strategie ruhig zu stellen:

Strategie 1: geringfügige Zugeständnisse im humanitären Bereich; Beispiele: die Erleichterung der legalen Ausreise und der deutsch-deutschen Familienzusammenführung; die 1988 realisierten Ansätze einer Verwaltungsgerichtsbarkeit, die allerdings angesichts zahlreicher „Gummiparagraphen" der SED weiterhin die Möglichkeit parteilicher Willkür offenhielten.

Strategie 2: Einschüchterung, Isolation, Verhaftung, Abschiebung politischer Gegner

Strategie 3: eine ideologische Gegenoffensive – propagandistische Festigung der angeblich historisch gesetzmäßigen und damit unanfechtbaren Überlegenheit der orthodoxen Parteilehre und des darin begründeten SED-Führungsmonopols.

Bei einer wachsenden Zahl von DDR-Bürgern versagten allerdings die in jahrzehntelangem Einsatz abgestumpften Einschüchterungs- und Propagandamechanismen der SED. Beispiele: die Botschaftsbesetzungen ausreisewilliger DDR-Bürger 1984 und 1985; der „Appell aus der unabhängigen Friedens- und Ökologiebewegung" an die DDR-Volkskammer von 1986, die Energie-, Wirtschafts- und Informationspolitik in der DDR zu ändern; die „Umweltbibliotheken" als riskanter Versuch der Friedensbewegung, das Informationsmonopol des Staates zu durchbrechen. 1987 kam es in der Nähe des Brandenburger Tores zu heftigen Auseinandersetzungen zwischen Volkspolizei und Jugendlichen, die ein Rockkonzert vor dem Reichstag in Berlin-West verfolgen wollten. Zwei Tage später verlangten ca. 3000 Menschen Unter den Linden den Abriß der Mauer und skandierten Gorbatschow-Rufe. ›Freiheit meint immer auch die Freiheit des Andersdenkenden‹ – daß am 17.1.88 Oppositionelle an diesen Freiheitsbegriff öffentlich auf der von der SED alljährlich veranstalteten Gedenkdemonstration zu Ehren von Rosa Luxemburg und Karl Liebknecht erinnerten, genügte, um die Plakat-Träger sowie insgesamt 150 Mitglieder von Friedens-, Umwelt- und Menschenrechtsgruppen zu verhaften, von denen 53 ausreisten (ausreisen mußten). Doch erstmals durften – auf internationalen Druck – einige von ihnen, darunter Bärbel Bohley (spätere Mitbegründerin des „Neues Forum"), in die DDR zurückkehren.

Im Mai 1989 war es den DDR-Oppositionellen erstmals gelungen, der SED bei Kommunalwahlen Wahlfälschungen nachzuweisen. Das Selbstbewußtsein der Opposition wuchs im gleichen Maß wie die Lethargie der greisen SED-Führung. Die SED führte faktisch seit Mitte der 80er Jahre ein langezogenes Rückzugsgefecht. Von außen – durch Gorbatschows Reformen – und innen – durch ökonomische Dauerschwäche, immer lauter werdende Kritik von Dissidenten und die steigende Zahl der Ausreisewilligen – gleichermaßen unter Druck, reagierten die greisen SED-Führer mit Altersstarrsinn: Sie lehnten jeden Reformbedarf ab, igelten sich ein, starteten noch im Juni 1989 eine ideologische Gegenoffensive, beharrten auf ihrem Führungsmonopol und ihrer Unfehlbarkeit. Als im August 1989 eine Massenflucht aus der DDR einsetzte, wagte sich in der DDR die Opposition aus der Deckung der Kirche. Unter Berufung auf § 29 der DDR-Verfassung (Grundrecht, durch gemeinsames Handeln in einer Vereinigung ein politisches Interesse zu verwirklichen) – stellte das „Neue Forum" Anfang September 1989 offen das Meinungs- und Herrschaftsmonopol der SED in Frage und offerierte sich als „Plattform für die ganze DDR". Andere folgten – die „friedliche Revolution" in der DDR begann, die zunächst nur eine „andere DDR" wollte, jedoch das Ende der DDR einläutete.

80 Ein ehemaliger Spitzel – Beruf: Mitropa-Kellner – berichtet

„Meine Aufgabe war, die Mitropagäste zu bespitzeln: Wer pflegt mit wem *Kontakt?* Wer gibt welches *Geld* aus? Wer spielt den dicken Krösus? Josef (sein Stasi-Führungsoffizier, A.G.) meint, interessant sei alles. Zielgruppen waren Gewerbetreibende, Einzelhändler, Handwerker, Leute mit viel Geld,
5 Studenten und alle, die viele Bücher lesen.
Ich war Kellner, der zahlende Gäste bediente, und ich war Inoffizieller Mitarbeiter des Geheimdienstes. Im Stillen habe ich das *Machtgefühl* genossen und mir gesagt: Mensch, hier läufst du durch wie eine Leuchtdiode, die zwar funktioniert, aber nicht aufleuchtet, und *keiner weiß es.*
10 Kellner ist ein ehrbarer, harter Beruf. Aber Spitzel zu sein, das war für mich ein Gefühl, *als hätte ich irgendwo einen großen Geldraub gemacht, und keiner kommt dahinter.* Ich war nicht euphorisch, aber ich ging wie ein roter Punkt durchs Geschehen.
Oftmals haben Gäste mich verdächtigt, ein Stasi-Spitzel zu sein. Denn alles,
15 was im Publikumsverkehr arbeitet, ist verdächtig. Kellner, Taxichauffeure, Friseure, Kosmetiker, Physiotherapeuten, Ärzte. (...) Honorar habe ich nicht gekriegt für meine Spitzeldienste. (...) Ich bin kein Top-Spion gewesen, sondern lediglich, wenn man so will, ein Acht-Groschenjunge. (...) Josef sagte zu mir: Gucken und horchen, was auffällt, alles, was ein bißchen außerhalb
20 der Norm ist, aber nichts aus den Fingern ziehen. (...)
Skrupel hatte ich nicht. Denn ich bin mit den Leuten, die ich bespitzelt habe, nicht privat umgegangen. (...) Ich habe Westkontakte feststellen müssen und beabsichtigte ›R-Flucht‹ (Republikflucht). Die habe ich auch mitgekriegt. Und die habe ich auch mitgeteilt. Ob die Menschen, die ich verraten habe, in
25 den Knast eingefahren sind, weiß ich nicht, viele habe ich nicht wiedergesehen."

Lienhard Wawrzyn: Der Blaue. Das Spitzelsystem der DDR, Berlin: Wagenbach 1990, S. 117

Das Spitzelsystem der DDR und die Krise 81

Lienhard Wawrzyn hat mit zahlreichen offiziellen und inoffiziellen Ex-Mitarbeitern der Stasi gesprochen und die Akten des MfS – soweit noch vorhanden – gesichtet. Sein Fazit:

„Die Stasi-Offiziere bezeichneten ihre Spitzel intern als *Blaue,* nach den blauen Deckeln der Spitzel-Akten. Später wurden die Aktendeckel braun, aber es blieb – aus begreiflichen politischen Gründen – bei der alten Bezeichnung. Den Spitzeln selbst war dieser Ausdruck nicht bekannt.
Bei über Hunderttausend *aktiven* Spitzeln im Herbst 1989 errechnet sich im Laufe von vierzig Jahren weit über *eine halbe Million Menschen,* die für die Stasi gespitzelt haben. Etwa jeder dreißigste DDR-Bürger, Kinder und Greise eingerechnet, war ein Spitzel. Vielfach wissen nicht einmal die Ehepartner, daß sie mit einem Spitzel verheiratet sind. (...) Jeder konnte von jedem denken, der da könnte ein Spitzel sein. Das hat den Staat gekittet und ein ganzes Volk geprägt. (...)
Die Menschen in der DDR haben, alles in allem, fast sechzig Jahre lang nur in Diktaturen gelebt. Sie haben Jahrzehnte umfassender geheimdienstlicher Schnüffelei hinter sich.
Das Spitzelsystem prägt die Menschen, die sich bespitzelt fühlen. Jeder wußte, selbst harmlose Hobbys können geheimdienstliche Aktivitäten auslösen. Schon wer sich einen Neopren-Anzug beschaffte, konnte ein potentieller Republikflüchtling sein, der sich unter Wasser aus dem Land entfernen wollte.
Das Ministerium für Staatssicherheit als Schwert der SED und Partner der ihr verbundenen Blockparteien nötigte die Bürger der DDR, ihre Mitmenschen, Freunde, Kollegen, immer wieder *heimlich* abzutasten und sich zu fragen: Wie weit kann ich ihm vertrauen? (...) *Ist er ein Spitzel oder ist er ein Freund? Oder ist mein Freund ein Spitzel?* (...) Viele Menschen in der DDR redeten, wenn auch notgedrungen, *sehr überzeugend* in zwei Sprachen: einer offiziellen, in der sie die gewünschte Loyalität gegenüber dem DDR-Staat an den Tag legten, und in einer privaten, in der sie ihre wirkliche Meinung sagten. (...) Alle hat das *vorsichtig* gemacht und mißtrauisch: *Vorsichtig* wurden die DDR-Bürger in dem, was sie sich zu sagen trauten, und *wem* sie es sagten. Die alltägliche Vorsicht ist eine *aktive Anpassungsleistung,* die dahin führt, vieles nicht zu sagen. Sie bindet den Bürger eng an den Staat: Er weiß, mit seiner Überlebensstrategie trägt er bei zum Weiterbestand des Systems, schützt es vor Widerspruch, Kritik und Veränderung.
Insbesondere die *Angehörigen der Führungselite* des gesamten Landes mußten sich krümmen: Tausende Professoren, Lehrer, Erzieher, Staatsanwälte, Richter, Ärzte, Betriebsleiter. (...) Nur im Zentrum der Macht selber – wie im ZK und dem Politbüro – und an den Rändern der Gesellschaft war die Freiheit größer, die Wahrheit zu sagen, ohne karriereschädigende Folgen zu erleiden. (...)
Mißtrauisch wurden die Bürger, weil sie nicht sicher sein konnten, meint mein

Kollege das, was er sagt? (...) Der SED-Staat mutete den Menschen Konflikte zu, denen ein Westbürger nie ausgesetzt war. Hinzu kamen zahlreiche Massenveranstaltungen. Sie verlangten den Bürgern ab, *aktiv* ihre Verbundenheit mit dem System zu bekunden. Dazu dienten Aufmärsche, gemeinsame Hochrufe, Fähnchenschwenken, Fahnenappelle, der Pioniergruß, landesweite Geldsammlungen für wohltätige Zwecke, das Falten der Stimmzettel. Solche Kundgebungen sind *Ergebenheitskontrollen* für den Staat, für den Bürger, der nicht überzeugt ist, sind sie *Anschläge auf sein Selbstwertgefühl.* (...) Das Spitzelsystem verändert die Mentalität der Bürger. Denn es *verletzt tief das Selbstbewußtsein* und trennt die Welt unscharf in Freund oder Feind. (...)
Während im Rechtsstaat nur deliktbezogen ermittelt wird, wenn sich ein Bürger etwas hat zuschulden kommen lassen, sollen geheimpolizeiliche Spitzel, wie es hier [MfS Richtlinie 1/79, S. 15] unverhohlen heißt, ›in hohem Maße *vorbeugend...* wirken und mithelfen, neue Sicherheitserfordernisse rechtzeitig zu erkennen sowie durchzusetzen.‹ (...) Aufgabe der Spitzel war es, Hinweise auf feindlich-negative Handlungen bzw. operativ bedeutsame Anhaltspunkte zu erarbeiten. Spitzel sollten *Negatives* über ihre Freunde, Kollegen, Bekannten berichten. (...) Die Stasi setzte Spitzel auf *operativ interessierende* Personen an. Das konnte *jeder* Bürger der DDR sein und *jeder,* der in die DDR einreiste. (...) Mit anderen Worten: für die Stasi war *alles* interessant, und dafür brauchte sie Informationen im ganzen Land. (...) Es ist klar, daß ein geheimdienstlicher Apparat, der seine Ziele mit Hilfe einer paranoiden Sicherheitsdoktrin so allumfassend definiert, Budgets – Gelder und Sachmittel – in ungeheurem Ausmaß verschlingt. Die DDR-Bürger mußten, wie in jedem Staat, ihr eigenes Spitzelsystem finanzieren.

Kein Geheimdienst der Welt hätte die DDR gründlicher destabilisieren können, als die Staatssicherheit es getan hat. Die Stasi hat ein Klima des gegenseitigen Mißtrauens unter die Menschen getragen. (...) Einige Bürger waren unerschrocken oder genossen Vorrechte, brachen aus dem Raster aus und sagten *unbefangen* und *öffentlich,* was sie dachten. Mit *Zivilcourage* weigerten sie sich, ihre Verkehrsformen ausgerechnet von einem Geheimdienst diktieren zu lassen. Nichts fürchtet ein Geheimdienst so wie Öffentlichkeit. Denn ein Geheimdienstler, der zum Beispiel in der Kreuzkirche in Dresden mit einem getarnten Tonbandgerät die Predigt des Pfarrers mitschnitt oder durch die Löcher eines Jackenknopfes das Publikum fotografierte, war eine lächerliche Figur, vor der die Kirchenbesucher und ihr Pfarrer ebenso wenig Achtung hatten wie vor ihrem Auftraggeber."

Lienhard Wawrzyn: Der Blaue. Das Spitzelsystem der DDR, Berlin: Wagenbach 1990, S. 7, 11, 13, 115

Die SED igelt sich ein –   **82**
Die Tageszeitung „Neues Deutschland", das SED-Parteiorgan, fragt 1987 den SED-Chefideologen, Kurt Hager:

„Frage: Die SED-Führung unterstützt die von Michail Gorbatschow eingeleiteten Reformen in der Sowjetunion. Zugleich betont die DDR ihre Eigenständigkeit. Sind die Zeiten vorbei, in denen das Land Lenins für deutsche Kommunisten vorbildlich war?
Hager (...): Wir haben uns die Lehren Lenins, insbesondere die Theorie der sozialistischen Revolution [die Eroberung der politischen Macht durch die Arbeiterklasse unter Leitung einer kommunistischen Partei und die Errichtung einer Diktatur des Proletariats] und des sozialistischen Aufbaus sowie die Lehre von der Partei, angeeignet und aus dem reichen Erfahrungsschatz der KPdSU Nutzen gezogen. Dies bedeutet jedoch nicht, daß wir alles, was in der Sowjetunion geschah, kopierten.
Frage: Ein hartes Wort....
Hager: Schon im Aufruf des ZK der KPD vom 15. Juni 1945 heißt es: ›Wir sind der Auffassung, daß der Weg, Deutschland das Sowjetsystem aufzuzwingen, falsch wäre, denn dieser Weg entspricht nicht den Entwicklungsbedingungen in Deutschland. Übrigens kopierte die Sowjetunion auch nicht die DDR. (...) Würden Sie, nebenbei gesagt, wenn Ihr Nachbar seine Wohnung neu tapeziert, sich verpflichtet fühlen, Ihre Wohnung ebenfalls neu zu tapezieren?"

Aus: Neues Deutschland, 10.4.1987

Wachsende Probleme, Vergreisung der Partei – und „Gorbi"   **83**
Ein ehemaliger DDR-Lehrer erinnert sich im Gespräch mit seinem ehemaligen Schüler an die 80er Jahre in der DDR:

„Hieke: In den verschiedenen Versammlungen der Lehrerkollegien gab es in den 80er Jahren zwei Tendenzen. Bis zur Mitte des Jahrzehnts gab es kaum einmal prinzipiellen Widerspruch, obwohl die Unzufriedenheit mit dieser Gesellschaft wuchs. Unmut und Unbehagen wurden abreagiert mit ständigem Schimpfen über Versorgungsprobleme – davon gab es genug, und kein Versammlungsleiter konnte die Meckerer der Hetze bezichtigen. Es erfolgte immer nur die Aufforderung, nicht über einzelne Erscheinungen zu sprechen, sondern zum Wesen zu kommen. Das änderte sich sehr deutlich mit Gorbatschow. Immer häufiger rührten Diskussionen und Widerspruch an Grundsätzliches. Informationen wurden gefordert, Mitbestimmung statt des Zerrbildes davon, die Parteilinie wurde in vielen Bereichen immer häufiger in Frage gestellt; erst zaghaft, dann lauter wurde die Führungsriege als vergreist bezeichnet. Und die so sprachen, denen geschah nichts mehr, sie wurden kategorisiert, sicher auch gemeldet, aber sonst geschah nichts. Der Widerspruch: Auf der einen Seite die prügelnde, scheinbar festgefügte Staatsmacht bis zum Herbst 89 – andererseits schon seit 85 Symptome, die Vergreisung, Verfall, Ohnmacht nicht nur bei Honecker, Mielke und Konsorten vermuten ließen. Das zeigte sich auch bei den planmäßigen Weiterbildungsveranstaltungen für Lehrer; nie zuvor hatten Dozenten und Seminarleiter solche Rückzugsgefechte geliefert.

Fuchs: Die Abzeichen ›Schwerter zu Pflugscharen‹ wurden abgerissen, die Träger schikaniert. Gab es im Fall Gorbi ähnliche Reaktionen?

Ich habe es nicht erlebt, auch nicht gehört. Ich hörte Vertreter der Parteileitung fragen, ob **das** denn sein müsse … Auch denen fiel auf, daß oft gerade die Gorbi auf dem T-Shirt trugen, die sich geweigert hatten, der DSF [Deutsch-sowjetische Freundschaft] beizutreten. Es gab Unbehagen, scheele Blicke; Attacken gab es meines Wissens nicht. Amüsant: Gelegentlich wurde die Befürchtung laut, die **Schule** könne negativ auffallen. Der Schulrat hatte doch nicht angewiesen, Gorbi zu tragen …

Überall spürten auch die Herrschenden, daß das Sputnik-Verbot [1988 von der SED in der DDR verbotene reformfreundliche sowjetische Zeitschrift] ein Eigentor war; plötzlich interessierten sich alle. Das Verbot wohl ein Einschreiten gegen neue Symbole. Und alle Welt liebte es plötzlich, bei jeder Gelegenheit den Satz zu zitieren, den einst die Partei bis zum Überdruß eingebleut hatte: ›Von der Sowjetunion lernen heißt siegen lernen!‹."

Jürgen Fuchs / Gerhard Hieke: Dumm geschult? Ein Schüler und sein Lehrer, Berlin: Basis Druck Verlag 1992, S. 100 ff.

84 Der „Sozialismus in seinem Lauf"

Cartoon-Caricature-Contor (Horst Haitzinger), München

1983: Ein Autor übt öffentlich Kritik an Zensur 85

Wo Zensur herrscht, läßt sich – selbst in der westlichen „Auslandspresse" – nur verklausuliert gegen Zensur anschreiben, solange der Autor noch dem Zugriff des Zensors ausgeliefert ist, also in der DDR lebt. Christoph Hein, 1944 in Schlesien geboren und seit 1960 in der DDR als Montagearbeiter, Buchhändler, Regieassistent, seit 1979 als freier Schriftsteller lebend („Drachenblut") wagte es – und die Partei hielt still.

„Schreiben heißt für uns deutsch schreiben, also in einem geteilten Land, nach zwei von Deutschland ausgehenden Weltkriegen, mit einer untilgbaren Schuld, vor der auch meine und weitere Generationen geradezustehen haben oder krumm. Es heißt, in einem Land schreiben, dessen Grenze weiter reicht als eine Staatsgrenze anderswo, nämlich bis an den Nerv der Gesellschaft und seiner Kultur. Eine neue arme Kultur ist zu setzen, die fast erdrückt wird von der reichen alten. Öffentlichkeit ist zu gewinnen für unsere Arbeit, und zwar in aller Öffentlichkeit.

Kultur, ob wir diesen Begriff eng oder weit fassen wollen, bedarf der Öffentlichkeit. Jedwede Restriktion beschränkt sie nicht allein, sondern höhlt sie aus. Es gab in den vergangenen Jahren Maßnahmen bei uns, die – getroffen wohl in bester Absicht – die bürgerliche Kultur in einigen ihrer Erscheinungen nicht wahrnehmen wollte, durch Verbote zu überwinden hoffte. Ein untauglicher Versuch, von dem man glücklicherweise Abstand nimmt. Verbote können Bedürfnisse nicht regeln, sondern bewirken lediglich, daß sich diese Bedürfnisse auf andere, und zum Teil paradoxe Art bewegen.

Kultur ist immer auch eine Auseinandersetzung mit anderen Kulturen, das Eigene ist nur mittels des Fremden zu entwickeln. Peter braucht Paul, sagt Marx, er benötigt ihn, um sich zu erkennen. Eine Stammeskultur ist nicht nur reaktionär, sie ist undenkbar, seitdem der Mensch die ursprüngliche Waldeinsamkeit verließ. Dorthin zurück führt kein Weg, auch wenn man die damit aufgegebene Einmütigkeit, Sicherheit, Vertrautheit bedauert. Unsere Kultur muß sich an anderen Kulturen bilden und erweisen, oder sie wird uns unbegreifbar sein.

Öffentlichkeit ist nicht eine Bewegungsform von Kultur, sondern ihre Voraussetzung. Öffentlichkeit, das heißt nicht ›eingeschränkte Öffentlichkeit‹, ein Begriff, der in sich widersinnig ist. Und das heißt auch nicht ›Öffentlichkeit für Auserwählte‹.

Selektierte Kultur ist das Gegenteil von Kultur. Wenn die Auseinandersetzungen fehlen, beziehungsweise hinter verschlossenen Türen geführt werden, die Entscheidungen von der Gesellschaft getrennt sind, dann fehlt uns nicht allein dieser Teil, die gesamte Kultur verarmt, verdorrt.

Kultur ist umfänglicher als das, was uns nützlich, bequem, angenehm scheint, und sie stirbt mit jeder Beschränkung. Denn nicht die bewunderte, erfolgreiche Arbeit des Einzelnen ist Kultur, sondern die gesamte geistige Arbeit des Volkes, inbegriffen die Arbeit des Spezialisten, der Künstler. Und in dem Maß, wie diese gesamte Arbeit öffentlich ist, haben wir Kultur.

Ich will nicht über Erfolge sprechen, die vorhanden sind, sondern über unsere Mängel. Und nur über einen einzigen Mangel spreche ich, weil ich
40 diesen als außerordentlich beeinträchtigend für unsere Kultur ansehe: die unausreichende Öffentlichkeit. Wenn wir nicht den ganzen geistigen Reichtum dieses Landes mit allen auch divergierenden Ansichten und Meinungen in unsere Kultur einbringen können, werden wir Boden verlieren, und zwar einen Teil von jenem Boden, auf dem allein Kultur entstehen kann."
45 Die hier veröffentlichten Bemerkungen entstanden anläßlich einer Diskussion im Ostberliner Schriftstellerverband. Thema: Material und Wirklichkeit der DDR-Schriftsteller".

Zit. nach „Zeit und Bild" der Frankfurter Rundschau vom 8.10.1983, S. 2

86 Staat hört mit – na und?
Die „taz" berichtet am 5.7.1983:

„Auf dem abschließenden Podium [der Friedenswerkstatt] saßen neun Männer und eine Frau: Kirchenleute und Schriftsteller, Künstler, Wissenschaftler. Gleich zu Beginn der Diskussion fielen harte Worte: Unter großem Beifall des Publikums stellte die Vertreterin der Frauen-Friedensgruppe, eine Male-
5 rin, fest, daß es an der Zeit sei, den Friedenswillen außerhalb der Kirche zu dokumentieren. Dazu sei es nötig, daß mit den gängigen Verleumdungen Schluß gemacht würde. ›Wir sind keine Provokateure, und wir sind nicht von außen angestiftet‹. Dann ging es so ziemlich Schlag auf Schlag. Hauptsächlich um die Frage, wie friedlich eigentlich die DDR im Inneren sei. Der Vertreter
10 der Christlichen Friedenskonferenz, Carl Ordnung, hatte unter schallendem Gelächter der Zuhörer konstatiert, daß die DDR nach innen friedlich sei. Er hatte einen schweren Stand. (...)
Der Schriftsteller Rolf Schneider fand dann noch härtere Worte: Wo denn die Friedlichkeit zu finden sei angesichts der Tatsache, daß man das Emblem
15 ›Schwerter zu Pflugscharen‹ nicht tragen, den Wehrdienst nicht verweigern und seine Meinung nur im kirchlichen Bereich äußern dürfe. Er finde es sehr bedauerlich, daß die eigentlichen Adressaten dieser Diskussion, die Behörden, nicht anwesend seien, und könne nur hoffen, daß ›gewisse Herren‹ im Publikum als Multiplikatoren wirken würden.
20 Während man diese Äußerungen noch mit dem Stichwort ›Außenseitertum‹ einigermaßen erklären konnte, denn ein Rolf Schneider kann bekanntlich sagen, was er will, erstaunten alle zutiefst über die Worte von Dr. Fischbeck von der Akademie der Wissenschaften. Er trat für einen Frieden ein, wie ihn die DDR offiziell mit Nachdruck zurückweist: ›Eigene Aufrüstung kann nie-
25 mals die Antwort auf Aufrüstungsmaßnahmen des Gegners sein.‹ Sie treibe ›nur eine tödliche Rüstungsspirale in die Höhe.‹ ›Es gibt keine Aufrüstung, die berechtigt ist‹, schloß er unter tosendem Beifall.
Und dann kam das Publikum an die Reihe, das weitere Beweise für den Unfrieden brachte: (...) ›Weshalb wurde in Halle ein Mediziner von der

Lehre suspendiert, der in einer Vorlesung geäußert hatte, man soll lieber teure medizinische Geräte kaufen als Geld für die Rüstung auszugeben?‹ ›Warum wissen wir nur, wo der Westen seine Raketen stationiert und haben keine Ahnung, was für uns vorgesehen ist?‹ Wir sollen warten, bis die Regierenden entscheiden, dazu ist keine Zeit, wir müssen selbst entscheiden.‹ Dazwischen immer wieder das Podium, besänftigend, ausgleichend (...)"

Zit. nach die tageszeitung vom 5.7.1983, S. 5

Stasi 1989 – „Schwert und Schild" der Partei ohnmächtig   **87**
Mit ihrem fein verästelten, flächendeckenden Apparat bildete die Staatssicherheit der DDR einen Staat im Staate, durchsetzte das Land in einem solchen Maße, daß sich die Grenzen zwischen Partei, Staat, Gesellschaft und Staatssicherheit immer mehr verwischten. Trotzdem hat die Stasi den Sturz der SED nicht verhindert. Warum? Joachim Gauck, Leiter der Berliner „Gauck-Behörde", schreibt 1991:

„Auch ein noch so straff organisierter Geheimdienst fällt wie ein Kartenhaus zusammen, wenn seine Strukturen offengelegt werden. Diese Binsenweisheit hat sich auch bei der Auflösung der Staatssicherheit bewahrheitet. (...) Dennoch ist im Rückblick immer noch schwer zu begreifen, warum ein militärischer Apparat, der in jeder Beziehung voll funktionsfähig war, der über sämtliche Waffen, Diensträume, Fahrzeuge, Ausrüstungen, beste Verbindungen und umfassende Informationen verfügte, warum dieser Geheimdienst innerhalb weniger Monate in sich zusammenfallen konnte wie ein implodierendes Fernsehgerät. (...) Zu Beginn der Auflösung der Staatssicherheit erkannten die hauptamtlichen Mitarbeiter noch nicht, daß dies der Anfang vom Ende des MfS sein sollte, zumal sie bei der SED die Tendenz spürten, den Staatssicherheitsdienst, wenn auch mit einem anderen Namen und gegebenenfalls mit veränderten Aufgaben, für die DDR zu erhalten. In einem Gespräch hat mir einmal ein ehemaliger hoher Offizier des MfS gestanden: ›Letztlich waren wir von der Sieghaftigkeit unserer tschekistischen Sache überzeugt, so daß wir mit einer wirklichen Entmachtung nicht gerechnet haben und schon gar nicht durch das Volk‹. (...)
Wer (nach 1989, A.G.) die Frage aufwarf, wer die Verantwortung für das aberwitzige Überwachungs- und Unterdrückungssystem der Stasi trägt, mußte eine merkwürdige Erfahrung machen: Die Beteiligten erklärten übereinstimmend, entweder vom Ausmaß der Bespitzelung und Verfolgung Andersdenkender nichts gewußt oder aber nur auf Anweisung übergeordneter Personen gehandelt zu haben. (...) Deutlich muß gemacht werden, daß für die politische Verfolgung in der DDR nicht allein einige Obristen und Generale der Staatssicherheit verantwortlich zeichneten. (...) Die Mitarbeiter des Ministeriums für Staatssicherheit waren sämtlich Mitglied der SED und als solche in den Parteigruppen des MfS organisiert. (...) Die absolute Unterordnung der Staatssicherheit unter die Partei und deren Führung geht aus unzähligen offiziellen MfS-Dokumenten und Äußerungen von Erich Mielke hervor (...) Die

30 Frage, wer wen kontrollierte, stellte sich schon deshalb nicht, weil Staatsapparat, Parteiapparat und Sicherheitsapparat eine eng miteinander verschmolzene Einheit bildeten. Bei einzelnen Entscheidungen, die im Kompetenzbereich der Staatssicherheit lagen, mußte die Partei nicht erst eigens gefragt werden, denn sie war ja selbst in der Struktur des MfS präsent. Umgekehrt
35 wäre es einem SED-Funktionär niemals eingefallen, eine Maßnahme des Staatssicherheitsdienstes zu hinterfragen oder zu kritisieren, es sei denn die Führung hätte unmittelbar befürchten müssen, daß diese unter Umständen in der (westlichen) Öffentlichkeit unerwünschte Reaktionen zur Folge gehabt hätten. (...) Die Hauptverantwortung für den Überwachungsapparat der
40 Stasi trug jedoch das Politbüro, in das Erich Honecker seinen Staatssicherheitsminister 1976 als Vollmitglied berufen ließ. Hier wurden die sicherheitspolitischen Vorgaben und Konzepte für die Arbeit des MfS beschlossen, auch wenn diese – wegen des größeren ›fachlichen Sachverstandes‹ – zuvor im Staatssicherheitsministerium erarbeitet worden waren und von den entschei-
45 dungsberechtigten Mitgliedern des Politbüros nur bestätigt wurden."

Joachim Gauck: Die Stasi-Akten. Das unheimliche Erbe der DDR, Reinbek: Rowohlt 1991, S. 68 ff.

88 1989: Ideologische Gegenoffensive der SED
Aus dem Parteilehrjahr der SED, einer Argumentationshilfe für SED-Propagandisten:

„Jede neue aktuelle Erscheinung im innen- und außenpolitischen Geschehen erfordert immer wieder aufs neue, bei allen Werktätigen die Überzeugung zu vertiefen, daß die Politik der SED die grundlegenden Interessen des Volkes richtig zum Ausdruck bringt. Voraussetzung für die ideologische Offensive
5 ist, daß die Parteiorganisationen alle Mitglieder befähigen, in den Arbeitskollektiven und im Wohngebiet diese gute Politik so zu erläutern, daß jedem Bürger und Werktätigen klar wird: Zur Gesellschaftskonzeption der SED (...) gibt es im Interesse des Volkes keine Alternative. Die Partei kennt auch den richtigen Weg für die Verwirklichung der Interessen des Volkes und
10 beschreitet ihn konsequent. (...) Die Partei findet auch bei auftretenden Problemen Wege und Lösungen. Schwierigkeiten werden weder dramatisiert noch verschwiegen. (...)
›Im 40. Jahr nach der Gründung der DDR können wir mit voller Freude und nicht ohne innere Bewegung feststellen, daß die Politik unserer Partei reiche
15 Früchte trägt. Wir haben einen modernen sozialistischen Staat auf deutschem Boden geschaffen und gemeinsam mit dem Volk gelernt, ihn zu leiten. Dank des Fleißes, des Schöpfertums und der Initiative der Arbeiterklasse, der Bauern, der Intelligenz ist die DDR unter Führung unserer Partei zu einem blühenden sozialistischen Land geworden.‹ (die Autoren zitieren hier den
20 Bericht des Politbüros an die 7. Tagung des ZK der SED vom 1./2.12.88, S. 88 f.; Berichterstatter: Erich Honecker; A.G.) Dabei wissen wir, daß der

Sozialismus in der DDR noch nicht rundum vollkommen ist. Aber wir brauchen mit unseren Errungenschaften keinen Vergleich zu scheuen, und wir haben keinen Nachholbedarf an ›Reformen‹ nach dem Ratschlag westlicher ›Sozialismusverbesserer‹. Wir betrachten unsere Sozialismuskonzeption nicht als etwas Abgeschlossenes."

Aus „PARTEILEHRJAHR DER SED", Studien- und Seminarhinweise für Teilnehmer und Propagandisten der Seminare zur politischen Ökonomie des Sozialismus und der ökonomischen Strategie der SED, 3. Studienjahr, Berlin: Dietz Verlag 1989, S.19ff. (Redaktionsschluß 5.6.1989)

Bärbel Bohley 1989: „... Die Bürger melden sich zu Wort"   **89**
Oppositionelle, darunter die Malerin Bärbel Bohley und Rechtsanwalt und SED-Mitglied Rolf Henrich, spätere Mit-Unterzeichner des Gründungsaufrufes für das Neue Forum, hatten zum 40jährigen Jubiläum der DDR Stimmen aus der Bevölkerung veröffentlicht.

„Vierzig Jahre sind eine lange Zeit. (...) Seit der Staatsgründung hat die Regierung mit der Bevölkerung noch immer keinen wirklichen Frieden geschlossen, denn seitdem haben etwa vier Millionen Menschen (...) das Land verlassen. In diesem Jahr haben allein bis zum ersten September fast 60 000 Menschen der Republik den Rücken gekehrt. (...)"
„Denn der Sozialismus ist tot. Die Morgenröte war nichts weiter als der Widerschein eines erlöschenden Feuers. Aber obwohl der Sozialismus tot ist, bevor er begonnen hat zu leben, können seine ursprünglichen Inhalte nicht einfach ad acta gelegt werden. Trotz aller vernichtenden Kritik am Sozialismus (...) wird deutlich, daß die Menschen nicht unbedingt den Kapitalismus hier haben wollen. (...) Wie sie persönlich leben wollen, das wissen die meisten. Aber wie die Gesellschaft aussehen soll, in der sie so leben können, wie sie wollen, das wissen die wenigsten. Trotzdem heißt der Minimalkonsens der Gesellschaft: Es muß anders werden! Was aber ist notwendig, damit dieses Neue, andere überhaupt formuliert werden kann? Ich denke, daß wir zwei Tatsachen annehmen müssen. Die eine ist, daß es zwei deutsche Staaten gibt und die andere, daß in der DDR nur eine unbedeutende Opposition existiert."
„Steht auf, bewegt euch, geht, aber nicht in den Westen, sondern auf die Straße! Eine Lösung der Probleme ist ohne unsere Einmischung ganz bestimmt wieder nur eine, in der wir den kürzeren ziehen. Wir müssen über unsere Zukunft selbst entscheiden. Die Regierung der DDR scheint schon abgetreten zu sein, denn sie schweigt – zu diesem Problem [der Ausreisewelle] wie zu vielen anderen. (...)"
„Ich möchte genausowenig Bürger eines Staates sein, der asylbeantragende Kurden in den Tod springen läßt, wie ich Bürger eines Staates sein möchte, der seine Bürger entmündigt und einsperrt. Leider gibt es nicht mehr Deutschlands, und ich muß mich für eines entscheiden. Und so habe ich mich wie viele andere hier für dieses Land entschieden. Die Millionen Unent-

schlossenen entscheiden sich vielleicht auch für dieses Land, wenn es die Möglichkeit gibt, es so zu verändern, wie sie es wollen. Diese Möglichkeit muß von ihnen und uns erkämpft werden, sie wird uns nicht einfach gegeben werden. Und dieser Kampf darf nicht so ausgehen wie am 17. Juni 1953. Aber die Geschichte wiederholt sich nicht. Eine legale Ebene muß dem Staat abgerungen werden, auf der die Menschen sich finden können, um ihre Aktivitäten für eine Veränderung der Gesellschaft zu entfalten. (...) Nur so haben wir als Individuum und als Gesellschaft eine Chance, unsere verlorene Sprache wiederzufinden und uns aus unserem knechtischen Dasein zu befreien. Dieses Heft soll wie ein Zuruf sein: Entlaßt euch endlich selbst in die Mündigkeit."

Auszüge aus Bärbel Bohley, Jürgen Fuchs, Katja Havemann, Rolf Henrich, Ralf Hirsch u. a.: „40 Jahre DDR ... und die Bürger melden sich zu Wort." Frankfurt: Büchergilde Gutenberg und Hanser 1989, S. 5 ff.

Personenverzeichnis

Adenauer, Konrad, 1876–1967, 1. Bundeskanzler der BRD (1949–1963)
Andropow, Jury W., 1914–1985, 1982–1984 Generalsekretär der KPdSU
Bahr, Egon, * 1922, als SPD-Politiker einer der Architekten der neuen Ostpolitik
Bahro, Rudolf, * 1935, DDR-Wissenschaftler und -Wirtschaftsfunktionär, 1978 ausgebürgert
Biermann, Wolf, * 1936, oppositioneller DDR-Liedermacher, 1976 ausgebürgert
Brandt, Willy, 1913–1994, SPD-Politiker, Bundeskanzler von 1969–1974
Breschnew, Leonid, 1906–1982, sowjet. Politiker, 1964–1982 Generalsekretär der KPdSU
Brüsewitz, Oskar, 1929–1976, ev. Pfarrer, wollte mit Selbstverbrennung gegen die SED-Kirchenpolitik protestieren
Bush, George, * 1924, US-Politiker, Republikaner, 1989–1993 US-Präsident
Carter, Jimmy, * 1924, US-Politiker, Demokrat, 1977–1981 US-Präsident
Chruschtschow, Nikita, S., 1894–1971, sowjet. Politiker, 1953–1964 1. Sekretär der KPdSU
Churchill, Winston, 1874–1965, konservativer brit. Politiker, von 1940–1945 und 1951–1953 Premier
Dubček, Alexander, 1921–1994, 1963–1968 1. Sekretär der KP der CSSR („Prager Frühling")
Erhard, Ludwig, 1897–1977, CDU-Wirtschaftsminister 1949–1963, Bundeskanzler 1963–1966
Fulbright, William, 1905–1995, US-Senator
Fuchs, Jürgen, * 1950, kritischer DDR-Schriftsteller, 1977 ausgebürgert
Gaulle, Charles de, 1890–1970, Regierungschef 1944–1946 (Resistance), frz. Präsident 1958–1969
Gennadi, Gerassimow, 1989 Sprecher des sowjet. Außenministeriums
Jaruzelski, Wojciech, * 1923, General, poln. KP-Chef, verhängte 1981 Kriegsrecht (bis 1989)
Globke, Dr. Hans, 1953–1963, Chef des Kanzleramtes, im III. Reich Mitverfasser der Rassegesetze
Gorbatschow, Michail S., * 1931, sowjet. Politiker, 1985–1991 sowjet. Staatschef und Generalsekretär der KPdSU
Grotewohl, Otto, 1894–1964, zunächst SPD, dann SED, 1949–1964 DDR-Ministerpräsident
Guillaume, Günter, * 1923, enger Mitarbeiter von Bundeskanzler Brandt, 1974 als DDR-Spion enttarnt
Hallstein, Walter, 1901–1982, CDU-Politiker („Hallstein-Doktrin")
Havemann, Robert, 1910–1982, DDR-Physikochemiker und Regimekritiker zeitw. unter Hausarrest
Honecker, Erich, 1912–1994, Staats- und Parteichef der DDR 1971–1989
Honecker, Margot, * 1927, Frau von Erich Honecker, DDR-Volksbildungsministerin 1963–1989
Kennedy, John F., 1917–1963, US-Politiker, Demokrat, 1961–1963 US-Präsident
Kohl, Helmut, * 1930, CDU-Politiker, seit 1982 Bundeskanzler der BRD
Kohl, Michael, 1929–1981, SED-Politiker, Staatssekretär beim DDR-Ministerrat

Krenz, Egon, * 1937, SED-Politiker, Okt. bis Dez 1989 DDR-Staats- und Regierungschef

Lafontaine, Oskar, * 1943, SPD-Politiker, seit 1985 Ministerpräsident des Saarlandes

Lenin, Uljanow, W. I., 1870–1924, russ. Revolutionär, Gründer und erster Regierungschef der UdSSR

Marshall, George C., 1880–1959, US-Politiker, Berater von US-Präs. Roosevelt („Marshall-Plan")

Mielke, Erich, * 1907, Minister für Staatssicherheit der DDR – Stasi-Chef – 1957–1989

Mittag, Günter, * 1926, wiederholt, zuletzt 1976–1989, Sekretär des ZK der SED für Wirtschaft

Mitterand, Francois, * 1916, Sozialist, seit 1981 französischer Staatspräsident

Mohammed Resa, 1919–1980, letzter Schah (Kaiser) aus dem Hause Pahlewi, 1979 abgesetzt

Pieck, Wilhelm, 1876–1960, zunächst KPD-Mitglied, Mitbegründer der SED, 1. DDR-Präsident

Rau, Johannes, * 1931, SPD-Politiker, seit 1978 Ministerpräsident von Nordrhein-Westfalen

Reagan, Ronald, * 1911, Schauspieler und US-Politiker, 1981–1989 US-Präsident

Reuter, Ernst, 1889–1953, Politiker, 1947–1953 Regierender Bürgermeister von (West-)Berlin

Roosevelt, Franklin D., 1933–1945, US-Politiker, 1933–1945 US-Präsident

Schalck-Golodkowski, Alexander, * 1932, seit 1966 Chef der Kommerziellen Koordinierung (KoKo)

Stalin, Jossif W., 1879–1953, seit 1923 Generalsekretär der KPdSU („Stalinismus")

Stoph, Willi, * 1914, 1964–1973 und 1976–1989 Vorsitzender des DDR-Ministerrates

Strauß, Franz-Joseph, 1914–1988, CSU-Politiker, 1978–1988 bayerischer Ministerpräsident

Truman, Harry S., 1884–1972, US-Politiker, 1945–1953 US-Präsident

Tschernenko, Konstantin, 1911–1985, sowjet. Politiker, 1984–1985 Generalsekretär der KPdSU

Ulbricht, Walter, 1893–1973, KPD-, ab 1946 SED-Funktionär, 1953–1971 Regierungschef

Walesa, Lech, * 1943, 1980 Mitbegründer u. Vorsitzender der poln. Gewerkschaft Solidarnosc

Wehner, Herbert, 1906–1990, zunächst KPD, nach 1945 führender SPD-Politiker

Abkürzungsverzeichnis

APO	Außerparlamentarische Opposition
BGH	Bundesgerichtshof
BRD	Bundesrepublik Deutschland
brit.	britisch
BVG	Bundesverfassungsgericht
CDU	Christlich Demokratische Union
CSSR	Checheslowakische Sozialistische Republik
CSU	Christlich Soziale Union
DA	Demokratischer Aufbruch, 1989 in der DDR gegründet und später mit der CDU verschmolzen
DDR	Deutsche Demokratische Republik
DKP	Deutsche Kommunistische Partei
EG	Europäische Gemeinschaft
EGKS	Europäische Gemeinschaft für Kohle und Stahl
EKD	Evangelische Kirche Deutschlands
EVG	Europäische Verteidigungsgemeinschaft
EWG	Europäische Wirtschaftsgemeinschaft
EWS	Europäisches Währungssystem
F	Frankreich
FDJ	Freie Deutsche Jugend
FDP	Freie Demokratische Partei
frz.	französisch
GB	Great Britain
GG	Grundgesetzes für die Bundesrepublik Deutschland
GST	Gesellschaft für Sport und Technik
INF	Intermediate Nuclear Forces; atomare Mittelstreckenraketen
KoKo	Kommerzielle Koordinierung
KPD	Kommunistische Partei Deutschlands
KPdSU	Kommunistische Partei der Sowjetunion
KSZE	Konferenz über Sicherheit und Zusammenarbeit in Europa
KVAE	Konferenz über Vertrauens- und Sicherheitsbildende Maßnahmen und Abrüstung in Europa
LDPD	Liberaldemokratische Partei Deutschlands
LPG	Landwirtschaftliche Produktionsgenossenschaften
MfS	Ministerium für Staatssicherheit
NATO	North Atlantic Treaty Organization
NVA	Nationale Volksarmee
OEEC	Organisation für europäische wirtschaftliche Zusammenarbeit
PH	Pädagogische Hochschule
POS	(zehnklassige) polytechnische Oberschule
RGW	Rat für gegenseitige Wirtschaftshilfe
SALT	Strategic Arms Limitation Talks, Gespräche über die Begrenzung Strategischer Waffen
SBZ	Sowjetische Besatzungszone

Abkürzungsverzeichnis

SDP	die 1989 gegründete Sozialdemokratische Partei in der DDR, später in SPD aufgegangen
SED	Sozialistische Einheitspartei Deutschlands
SMAD	Sowjetische Militäradministration für Deutschland
SPD	Sozialdemokratische Partei Deutschlands
START	Strategic Arms Reduction Talks, Gespräche über die Reduzierung strategischer Waffen
Stasi	Staatssicherheit
StGB	Strafgesetzbuch
UdSSR	Union der Sozialistischen Sowjetrepubliken
UNO, UN	United Nations Organization
USA	United States of America
VEB	Volkseigener Betrieb
VoPo	Volkspolizei
VVB	Vereinigung Volkseigener Betriebe
WEU	Westeuropäische Union, eine Erweiterung des Brüsseler Paktes
ZK	Zentralkomitee

Weiterführende Literatur und Lesehinweise

Vor dem Ende der DDR für die Öffentlichkeit nicht zugängliche, zumeist SED-intern – für Schulungszwecke etc. – verwandte Schriften von SED-Institutionen

Hofmann, Hans-Georg u. a.: „Zwei Welten – Zwei Schulen". Pädagogische Strategien zu Beginn der achtziger Jahre. Ost-Berlin: Akademie der Pädagogischen Wissenschaften der DDR, Arbeitsstelle Auslandspädagogik 1982
Parteilehrjahr der SED, Studien- und Seminarhinweise für Teilnehmer und Propagandisten der Seminare zur politischen Ökonomie des Sozialismus und der ökonomischen Strategie der SED. 2. Studienjahr, Berlin: Dietz Verlag 1985
Parteilehrjahr der SED, Studien- und Seminarhinweise für Teilnehmer und Propagandisten der Seminare zur politischen Ökonomie des Sozialismus und der ökonomischen Strategie der SED. 3. Studienjahr, Berlin: Dietz Verlag 1989
Abteilung Propaganda des ZK der SED. Studieneinführung für Teinehmer der Kreis- und Betriebsschulen des Marxismus-Leninismus, Studienjahr 1984/1985, Teil 2, Berlin: Dietz Verlag 1984
Hübner, Werner/Willi Effenberger: Wehrpolitische Massenarbeit unter Führung der Partei. Probleme – Erfahrungen – Aufgaben. Aus der Reihe: Der Parteiarbeiter, Berlin: Dietz Verlag 1982

DDR-Unterrichtswerke, Propagandamaterial und offizielle Texte der SED und KPdSU

Geschichte. Lehrbuch für die Klasse 10, Berlin: Volkseigener Verlag Volk und Wissen 1983
Geschichte der Deutschen Demokratischen Republik, geschrieben von einem Autorenkollektiv; Leitung: Rolf Badstübner, Berlin (Ost): VEB Deutscher Verlag der Wissenschaften 1987
Kunst ist Waffe, Frieden ist kein Sein, sondern Tun. Prosa, Lyrik, Lieder – Material für die sozialistische Feiergestaltung, zusammengestellt und herausgegeben von Christa Bräuer, Leipzig: Zentralhaus Publikation 1982
Gorbatschows historische Rede. Zum 70. Jahrestag der Oktoberrevolution – Perestroika und Glasnost, hrsg. von Hans-Peter Riese: München: Heyne, 2. Auflage 1987.

Veröffentlichungen von (ehemaligen) DDR-Bürgern in der BRD vor der „Wende"

Bahro, Rudolf: Die Alternative. Zur Kritik des real existierenden Sozialismus. Ungek. Studienausgabe, Köln, Frankfurt/M.: EVA 1979, geschrieben 1973–1976
Böhme, Irene: Die da drüben. Sieben Kapitel DDR, Berlin (West): Rotbuch Verlag 1983

Eckart, Gabriele: So seh ick die Sache. Protokolle aus der DDR. Köln: Kiepenheuer und Witsch 1984
Wander, Maxie: Guten Morgen du Schöne, Berlin: Morgenbuch Verlag Volker Spiess 1992, Originalausg. 1977

Veröffentlichungen westlicher Politiker und Autoren vor der „Wende"

Brandt, Willy: Regierungserklärung vor dem Deutschen Bundestag am 28. Oktober 1969, Bonn 1969
Büscher, Wolfgang/Peter Wensierski: Null Bock auf DDR. Aussteigerjugend im anderen Deutschland. Reinbek bei Hamburg: Rowohlt 1984
Deja-Lolhöffel, Brigitte: Freizeit in der DDR. Berlin: Verlag Gebr. Holzapfel 1986
Die DDR, hrsg. von der Landeszentrale für politische Bildung Baden-Würtemberg, Stuttgart, Reihe: Der Bürger im Staat, Heft 2/Mai 1983
Glaeßner, Gert-Joachim (Hg.): Die DDR in der Ära Honecker. Politik – Kultur – Gesellschaft. Opladen: Westdeutscher Verlag 1988
Hartwig, Jürgen/Albert Wimmel: Wehrerziehung und vormilitärische Ausbildung der Kinder und Jugendlichen in der DDR, Stuttgart 1979
Helwig, Gisela (Hg.): Die DDR-Gesellschaft im Spiegel ihrer Literatur. Köln: Verlag Wissenschaft und Politik 1986
Helwig, Gisela (Hg.): Schule in der DDR, Köln: Edition Deutschland Archiv Verlag Wissenschaft und Politik 1988
Henrich, Wolfgang /Gottfried Linn: Die sozialistische Wehrerziehung in der DDR. Bonn 1984
Holzweißig, Gunter: Sport und Politik in der DDR. Berlin: Verlag Holzapfel 1988
Kennedy, Paul: Der Aufstieg und Fall der großen Mächte, Frankfurt/Main: Fischer 1989, in New York erschienen 1987
Kroh, Ferdinand (Hg.): „Freiheit ist immer Freiheit ..." Die Andersdenkenden in der DDR. Berlin: Ullstein 1988
Nawrocki, Joachim: Die Beziehungen zwischen den beiden Staaten in Deutschland, Berlin: Verlag Holzapfel, 2. Aufl. 1988
Rüther, Günther (Hg.): Kulturbetrieb und Literatur in der DDR, Köln: Edition Deutschland Archiv Verlag Wissenschaft und Politik 1987
Schneider, Eberhard/Burkhardt Siebert: Die Bundis kommen! Jugend erlebt die DDR. Eine Handreichung für Schülerreisen in den anderen Teil Deutschlands. Bonn: Europa Union Verlag 1988
Sommer, Theo: Geteilt, aber nicht getrennt, In: Das 198. Jahrzehnt. Eine Team-Prognose für 1970-1980. Hrsg. von C. Grosser u. a., Hamburg: Wegner 1969
Thurich, Eckart/Hans Endlich (Hg.): Zweimal Deutschland, Lehrbuch für Politik und Zeitgeschichte, Frankfurt/M.: Diesterweg 1987
Weber, Hermann (Hg.): DDR. Dokumente zur Geschichte der Deutschen Demokratischen Republik 1945-1985. München: Deutscher Taschenbuch Verlag 1986, 3. Aufl. 1987
Weber, Hermann: Geschichte der DDR. München: Deutscher Taschenbuch Verlag 1985, 3. Aufl. 1989
Wehrpropaganda und Wehrerziehung in der DDR, hrsg. von der Friedrich Ebert-Stiftung, Bonn 1982

Windmüller, Eva/Thomas Höpker: Leben in der DDR. Ein Stern-Buch. Hamburg: Verlag Gruner & Jahr, o. J.,
Winkler, Karl: Made in GDR. Jugendszenen aus Ost-Berlin, Berlin (West) 1983
Zahlenspiegel. Bundesrepublik Deutschland/Deutsche Demokratische Republik. Ein Vergleich. Bonn: Bundesministerium für innerdeutsche Beziehungen 1988
Zeitlupe 15, hrsg. von der Bundeszentrale für politische Bildung, Bonn 1984
Zimmer, Dieter, in Zusammenarbeit mit *Carl-Ludwig Paeschke:* „Auferstanden aus Ruinen ...". Von der SBZ zur DDR. Stuttgart: Deutsche Verlags-Anstalt 1989, Sonderausgabe für das Bundesministerium für innerdeutsche Beziehungen

Veröffentlichungen während und nach der „Wende"

Bohley, Bärbel, Jürgen Fuchs, Katja Havemann, Rolf Henrich, Ralf Hirsch u. a: „40 Jahre DDR ... und die Bürger melden sich zu Wort." Frankfurt: Büchergilde Gutenberg und Hanser 1989
Butenko, A.: Über die revolutionäre Umgestaltung des staatlich-administrativen Sozialismus. In: Es gibt keine Alternative zur Perestroika, Glasnost, Demokratie, Sozialismus, hrsg. von Juri Afanassjew, Nördlingen: GRENO Verlagsgesellschaft 1988, S. 640-649.
Cerný, Jochen (Hg.): Wer war wer – DDR: ein biographisches Lexikon. Berlin: Cristoph Links Verlag, 2., durchges. Aufl. 1992
DDR 1990. Zahlen und Fakten. hrsg. vom Statistischen Bundesamt. Stuttgart: Metzler und Poeschel 1990
Diemer, Gebhard (Hg.): Kurze Chronik der Deutschen Frage, München: Olzog 1990
Fuchs, Jürgen/Gerhard Hiecke: Dumm geschult? Ein Schüler und sein Lehrer, Berlin: Basis Druck Verlag 1992
Gauck, Joachim: Die Stasi-Akten. Das unheimliche Erbe der DDR, Reinbek bei Hamburg: Rowohlt 1991
Görtemaker, Manfred/Manuela R. Hrdlicka: Das Ende des Ost-West-Konflikts? Die amerikanisch-sowjetischen Beziehungen von den Anfängen bis zur Gegenwart, Berlin: Landeszentrale für politische Bildungsarbeit 1990
Heider, Magdalena und Kerstin Thöns (Hg.): SED und Intellektuelle in der DDR der fünfziger Jahre. Kulturbund-Protokolle, Köln: Edition Deutschland Archiv Verlag Wissenschaft und Politik 1990
Henrich, Rolf: Der vormundschaftliche Staat. Vom Versagen des real existierenden Sozialismus. Reinbek bei Hamburg: Rowohlt 1989
Janka, Walter: Schwierigkeiten mit der Wahrheit, Reinbek bei Hamburg: Rowohlt 1989
Kenntemich, Wolfgang, Manfred Durniok und Thomas Karlauf (Hg.): Das war die DDR. Eine Geschichte des anderen Deutschland. Begleitbuch zu einer ARD-Fernsehserie. Berlin: Rowohlt 1993
Knabe, Hubertus: Politische Opposition in der DDR, aus: Politik und Zeitgeschichte, Beilage zur Wochenzeitung Das Parlament, 5.1.1990
Maaz, Hans Joachim: Gefühlsstau. Ein Psychogramm der DDR, Berlin: Argon 1991

Richter, M.: 1945–1949: Sowjetische Besatzungszone Deutschlands (SBZ), in: Informationen zur politischen Bildung 231, 2. Quartal 1991

Schlosser, Horst Dieter: Die deutsche Sprache in der DDR zwischen Stalinismus und Demokratie. Historische, politische und kommunikative Bedingungen, Köln: Verlag Wissenschaft und Politik 1990

Schneider, Rolf: Frühling im Herbst. Notizen vom Untergang der DDR. Göttingen: Steidl Verlag 1991

Wawrzyn, Lienhard: Der Blaue. Das Spitzelsystem der DDR, Berlin: Wagenbach 1990

Witt, Katarina: Meine Jahre zwischen Pflicht und Kür, München: C. Bertelsmann Verlag, 2. Aufl. 1994